ALFRED LÄPPLE

ENGEL

Die Boten Gottes
in Kultur und Glauben

W0039354

ALFRED LÄPPLE

ENGEL

Die Boten Gottes
in Kultur und Glauben

Bibliografische Information Der Deutschen Bibliothek

Die Deutsche Bibliothek verzeichnet diese Publikation in der
Deutschen Nationalbibliografie; detaillierte bibliografische Daten
sind im Internet über http://dnb.ddb.de abrufbar.

© 2003 by Sankt Ulrich Verlag GmbH, Augsburg
Alle Rechte vorbehalten
Umschlaggestaltung: UV Werbung,
Mediengruppe Sankt Ulrich Verlag, Augsburg
Titelbild: Museo del Prado, Madrid
Druck und Bindung: Ludwig Auer GmbH, Donauwörth
Printed in Germany
ISBN 3-929246-98-8
www.sankt-ulrich-verlag.de

Vorwort

Repräsentativbefragungen über Engel haben eine erstaunliche und bunte Aussagetiefe. Warum? Die Antworten etwa auf die Frage: „Was hältst Du von den Engeln?" werden locker, unverstellt, geradezu spielerisch, wie mit Kindermund gesprochen gegeben. Selbst von Menschen, die sonst bei Fragen über Religion, Kirche oder Gebet verschlossen sind. Die Antworten sprudeln förmlich aus der Tiefe der Emotionen, des Herzens, der Kindheitserlebnisse. Sie werden nicht mühsam und gequält gefiltert und systematisiert vom kritisch analysierenden und sezierenden Intellekt. Selbst Menschen ohne religiöse Praxis öffnen sich für die Aussage: Ich möchte gerne einem Engel begegnen in den Freuden, in der Trauer meines Lebens. Warum nicht! Gerade wegen ihrer Echtheit und Glaubwürdigkeit erschließen diese Antworten und Aussagen eine Landschaft, über der weithin der Schleier des Geheimnisses liegt.

Angesichts der oft kirchlich nach außen gezeigten Reserve und Distanz zu Engeln ist bemerkenswert: Bücher über Engel haben Hochkonjunktur. Sie werden verfaßt von unterschiedlichen weltanschaulichen Agenturen und Schriftstellern, häufig vermischt mit einer Brise Psychoanalyse oder Esoterik. Es stellt sich die fundamentale Frage: Ist der Engel eine bloße Zutat, ein gedanklich-psychologisches Spiel, das im Selbstverständnis des Menschen auch fehlen kann? Gehört der Engel zum Existential des Menschseins? Ist deshalb die Einsamkeit vieler moderner Menschen so erschütternd, weil die Gegenwart, die Nähe, die Freundschaft zum Engel verlorengegangen, vertrocknet ist?

In seinem Gedicht „Im Nebel" spricht Hermann Hesse (1877–1962) von der Kälte der sieben Einsamkeiten, von der fröstelnden Einsamkeit, aus der es keine Befreiung gibt, sondern in der die Parole Aushalten, Durchhalten heißt. So schließt das Gedicht:

Seltsam, im Nebel zu wandern!
Leben ist Einsamsein.
Kein Mensch kennt den andern,
Jeder ist allein.

Ist der Mensch ein einsamer und anstrengender Monolog oder doch ein Dialog mit dem Engel und als gemeinsamer Mensch-Engel-Dialog auch Begegnung, Gespräch mit Gott? Werner Bergengruen (1892–1967) hat von Spuren und Zeichen, von den Symbolen und Real-Symbolen, von der tröstlichen Führung durch Engel gesprochen: „Der Mensch wird geführt und soll sich dieser Führung getrost überlassen." Eines seiner tiefsten Gedichte beginnt mit der Bitte:

Laß mich Engel, nicht allein!
Wenn mich alle Liebe läßt,
Engel, halt du mich fest.

William Shakespeare (1546–1616) warnt vor Kurzsichtigkeit und vermindertem Sehvermögen, wenn er in seinem Bühnenstück „Hamlet, Prince of Denmark" (I,5) schreibt:

Es gibt mehr Dinge im Himmel und auf Erden,
als eure Schulweisheit sich träumt, Horatio.

Dieses Buch will zu einer Entdeckungsreise anregen. Es will hinführen zur Begegnung, zum Gespräch, zur Weggemeinschaft mit dem Engel.
Es will Freude bereiten – beim Lesen, gewiß auch beim Verschenken.

8

Die Wiederentdeckung des Engels

Es gibt in den Kulturen, in der Kunst, Philosophie und in den Religionen der Völker eine seltsame Gemeinsamkeit, die nicht nachträglich hergestellt oder kommandiert worden ist. Sie ist als Naturanlage, als Grundexistential mitgegeben. Schon im vorgeburtlichen Zustand des Menschen ist sie grundgelegt: die Sehnsucht nach einem Du.

Die Du-Sehnsucht

Die bereits im pränatalen Zustand des Menschen eingeprägte Du-Sehnsucht tastet sich immer neu und tiefer nach dem Du ... zunächst die Sehnsucht eines Babys nach der Brust, nach dem Du der Mutter ... später nach dem Du der Hilfe, der Tröstung, der Freundschaft, der Liebe ... schließlich als Sehnsucht nach einem letzten, göttlichen Du, auf das sich der Mensch in Zeit und Ewigkeit verlassen kann.

Gibt es auch eine Facette der Sehnsucht nach einem unsichtbaren Du, nach einem unsichtbaren Gefährten und Tröster, nach einem Engel, nach meinem Schutzengel oder Namenspatron?

Die Vielfalt der Du-Sehnsüchte

In der Kinderpsychologie wird von der „Märchenepoche" gesprochen, in der Realwelt und Phantasiewelt konturlos ineinander und miteinander fließen. Ähnliches ereignet sich im Leben der Völker.

Auch die Epochen der Kulturgeschichte könnte man psychologisch deuten: Zunächst versuchen in tastenden Orientierungs- und Deutungsbemühungen die seßhaft gewordenen Clans, später die Stämme und Völker im Sichtbaren dem Unsichtbaren zu begegnen, mit den unsichtbaren Mächten und Gewalten „von Angesicht zu Angesicht" zu sprechen und ihr Leben zu arrangieren.

Mit unbekümmerter, problemloser Selbstverständlichkeit wird im Alten Testament diese Epoche von Angesicht zu Angesicht beschrieben. Es spricht Gott, der Unsichtbar-Sichtbare, zu den ersten Menschen, genannt Adam und Eva (Gen 3,8). Ferner wird als Selbstverständlichkeit erzählt, nach dem Sündenfall habe Gott den ersten Menschen Röcke aus Fellen gefertigt und damit die nackten Menschen bekleidet (Gen 3,21). War das reale Wirklichkeit oder nur romantischer Stil? Bekannt ist ferner jener alttestamentliche Text: Am Ausgang des Paradieses stehen Engel mit dem lodernden Flammenschwert, um jede Rückkehr zu versperren (Gen 3,24).

Die Begegnung mit unsichtbaren, „extraterrestrischen" Mächten wie Gott oder den Engeln war in der Anfangsphase, in der Sichtbares und Unsichtbares, Diesseits und Jenseits fließend ineinander überging, Normalität. Haben die Augen der Menschen – nach dem Sündenfall – diese ursprüngliche Sehkraft verloren? Gehört der Verlust dieser ursprünglichen Sehfähigkeit zu jener Strafsanktion, mit der die Ursünde belegt wurde? Hängt damit die heutige Schwierigkeit zusammen, den uns begleitenden und tröstenden Engel in seinem Da-Sein wie in seinem So-Sein zu sehen und zu erkennen?

Es muß das anfängliche Urerlebnis als überaus starke Erinnerung lebendig geblieben und von Clan zu Clan, von Jahrhundert zu Jahrhundert weltweit weitererzählt worden sein. Sind es nur künstlerische Freiheiten und Einfälle, wenn die griechische Siegesgöttin Nike mit Flügeln (etwa um 450 v. Chr.) dargestellt wurde? Bereits um 2000 v. Chr. hat die sumerische Kunst die Todesgöttin Lilith mit Flügeln dargestellt. Bei den Ausgrabungen in Pompeji war man erstaunt, antike Putten, sogenannte Amoretten, mit Flügeln zu entdecken. Ist etwas deshalb schon ein Engel oder ein engelähnliches Geistwesen, weil es Flügel besitzt? Selbst die ägyptische Göttin Isis wurde mit vielfarbigen und mächtigen Flügen ausgestattet. Auch der Islam[1] kennt aus dem Koran die Welt und Wirksamkeit der Engel. Im Koran sind alttestamentliche wie neutestamentliche Überlieferungen, oft apokrypher Herkunft, verarbeitet. So berichtet die Sure 15,27–32 (des Koran, niedergeschrieben um 650 n. Chr.) über die Erschaffung der Menschen und deren Erstbegegnung mit den Engeln wie auch mit dem Satan:

Den Menschen erschufen wir aus trockenem Lehm und schwarzem, geformtem Schlamm. Vor ihm wurden bereits die Dämonen aus dem Feuer des Samums (= Giftwind) geschaffen. Dann sprach dein Herr zu den Engeln: „... Wenn ich den Menschen vollkommen gestaltet und ihm meinen Geist eingehaucht haben, dann fallet alle ehrfürchtig vor ihm nieder." Alle Engel fielen ehrfurchtsvoll vor dem Menschen nieder. Nur Iblis, der Satan, weigerte sich, ihn (den Menschen) zu verehren.

Im Koran wie auch im gelebten Islam kommt dem Engel Gabriel eine herausragende Position zu.

In den Weltreligionen und -kulturen gibt es nicht nur das Duett: Gott – Mensch. Es gibt das Trio: Gott – Engel – Mensch. Weil der Teufel abgefallener Engel ist und in der Welt sein Unwesen treibt, gibt es das Quartett: Gott – Engel – Mensch – Teufel. Es gehört zum Grunderlebnis des Menschen, daß er sich in einer vielfältig belebten, durchwohnten Umwelt und Mitwelt vorfindet.

II

Das hat eine kaum bedachte, aber entscheidende Konsequenz: Nicht alles, was auf Erden und im Universum geschieht, kann allein dem Menschen angerechnet werden. Es gibt Turbulenzen und Irritationen, die von den anderen Mitbewohnern inszeniert werden. Bevor es wieder eine Geschichtsschreibung gibt, die wenigstens in Andeutungen darüber berichtet, müssen die Augen und Herzen der Menschen wieder hellsichtig werden, um das Hintergründige „von Angesicht zu Angesicht" zu sehen und zu werten.

Abschließend sei noch ein Blick auf die Engellehre von Qumran[2] geworfen, deren Handschriften seit 1947 entdeckt und entziffert wurden. In der Schriftlesung, in der Liturgie und in den täglichen Bußübungen wie auch Mahlfeiern der Essener hat nämlich die Engellehre eine herausragende und unterscheidende Rolle gespielt. Mit der Engellehre wurde die große und unüberbrückbare Kluft zwischen Qumran und dem Tempeldienst von Jerusalem, zwischen den Söhnen des Lichtes und den Söhnen der Finsternis markiert.

Zwei Bemerkungen zu Engeltexten der Qumranhandschriften:

Erstens:

Es zählte zum Qumranglauben, daß die irdische Liturgie von Qumran zusammenklingt mit der himmlischen Engelliturgie. Daß in acht Handschriften (4 Q 400–407 und 11 Q 17) dieser liturgische Zusammenklang überliefert wird, bezeugt die Wichtigkeit dieses liturgischen Glaubens von Qumran. Übrigens findet sich ein Nachklang dieser Qumrantexte im heutigen Eucharistischen Hochgebet I, wenn nach der Wandlung und Gabenerhebung der Priester spricht:

In Demut flehen wir zu dir, allmächtiger Gott: dein heiliger Engel trage dieses Opfer auf deinen himmlischen Altar vor deine göttliche Herrlichkeit.

Zweitens:

Im Endkampf der Geschichte werden die Engel mit den Söhnen des Lichtes streiten und den Sieg erringen:

An diesem Tag werden zur großen Verfolgungsschlacht anrücken die Gemeinde der Elim (= der Engel) und die Gemeinschaft der Menschen.

(Kriegsrolle = 1 QM I,10–11)

Jeder Mann, der nicht von seinem Ursprung her rein ist, darf am Tag des Krieges nicht hinuntersteigen; denn Engel der Heiligkeit sind mit den Männern gemeinsam.

(Loblieder = QH III, 35–36)

Der Gott Israels und der Engel seiner Wahrheit (Michael) helfen allen Söhnen des Lichtes. Und er hat die Geister des Lichtes und der Finsternis geschaffen, und auf sie hat er jedes Werk gegründet.

(Gemeinderegel = 1 QS III, 24–24)

Das esoterische Engelangebot

Engelinteresse und Engelnachfrage haben ohne Zweifel eine erstaunliche Produktion in Gang gesetzt: die Verfasser an den Schreibtischen, die Verleger in ihren Buchproduktionen. Die Zeit, in der man wie ein Requiem den Abschied von den Engeln als bedrohte und aussterbende Art zelebrierte, wurde abgelöst durch eine Zeit mit unübersehbarem Engelboom, mit einer kaum überschaubaren Engelproduktion. Jetzt flattern sie wieder – die Engel. Jetzt klingeln wieder die Verlagskassen beim Verkauf und den schnellen Neuauflagen der Engelproduktion.

Selbst seriöse Fachleute der Angelologie sind erstaunt und fragen sich, aus welcher Geheimschatulle manche Autoren, die im Frühlingswind der Esoterik stehen, ihr Wissen, ihre Darstellungen, ihre Behauptungen über Engel entnommen haben: über täglich und stündlich abrufbare und erlebbare Kontakte mit Engeln, über das rotierende Varieté von Kristallenergien, von Lieblingsblumen und betörenden Thymian-, Lavendel- und Jasmin-Gerüchen, von Stoffen, Gewändern, Lieblingsfarben, sogar von Tanzschritten, von Körperbeschaffenheit, von der Befiederung der Flügel, von der raffinierten Verführungskunst, von Eßgewohnheiten, von Sprachkenntnissen der einzelnen Engel und Engelgruppen. Nach Düften werden Engel eingeteilt, werden Engel erkannt: Heute ist Michael wieder da! Im Westwind werden die Klänge der Engelchöre gehört.[3]

Engel werden in Verbindung gebracht mit kosmisch-planetarischen Kräften. Sie avancieren zu unseren Beschützern in allen Unternehmungen wie auch vor Gefahren im Weltraum. Von Engeln wird behauptet, sie hätten UFO-Stützpunkte in Rußland, in der Schweiz und in Südamerika: Als Spezialisten der modernsten Technik können Engel UFOs steuern und Weltraumfahrten mühelos und sicher durchführen.

Spurensicherung des Engelglaubens

Eine wissenschaftlich präzise und kritische Durchleuchtung der Völker- und Religionsgeschichte kann ein erstes Resümee mit folgenden Einsichten vorlegen:
– Es gibt einen Völker, Kulturen und Jahrhunderte übergreifenden Glauben an unsichtbare Begleiter, die führen und trösten, mahnen und warnen. Diese unsichtbaren Wesen scheinen ein spürbares Interesse am Glück, an der Freude des Ein-

zelmenschen wie am Wohlergehen und am Frieden der Völker zu haben.

– Das unsichtbare Numinosum wird im Glauben, in Literatur und Kunst der Völker verstanden als ein Du, das es gut meint mit dem Menschen. Dieses unsichtbare Du ist da, aber nicht so sichtbar gegenwärtig wie Bruder und Schwester, wie ein Freund oder Nachbar.

– In der Menschheitsgeschichte lassen sich neben Phasen einer Engeleuphorie Phasen der Gleichgültigkeit, der Skepsis, des Abschieds und des protestierenden Nein feststellen.

Sind Flügel die untrüglichen Erkennungsmerkmale eines Engels? Wie unterscheiden sich Engel etwa von Elfen?

An dieser Stelle ein kurzes Wort zu Elfen und Feen, die heute als Helfer angepriesen werden, um in höhere Bewußtseinsstufen zu gelangen. Der kaum überschaubaren Schar der Wassernymphen, der Blumenfeen und Baumelfen hat sich vom 19. Jahrhundert an die Literatur wie die Malerei und die Musik angenommen. In den Gemälden von Arnold Böcklin (1827–1901) tummeln sich Nymphen, Satyrn, Pan und Zentauren. Wer denkt nicht an Albert Lortzing (1801–1851), der in seiner romantischen Zauberoper dem Halb-Mensch-Wesen „Undine" seine Melodien geschenkt hat? Heute noch begeistert Carl Maria von Weber (1786–1826) die Opernbesucher mit „Oberon" im Bereich der Feen. In Richard Wagners (1813–1883) „Rheingold" geben „die drei Rheintöchter" Woglinde, Wellgunde und Floßhilde ihr Debüt mit dem Song, den jeder Wagner-Fan mitsummen kann:

Heiajaheia!
Heiajaheia!
Wallalallalala leiajahei!
Rheingold!
Rheingold!

Leuchtende Lust,
wie lachst du so hell und hehr!

Der schwedisch-pietistische Theosoph Emanuel Swedenborg (1688–1772), mit dem sich der deutsche Philosoph Immanuel Kant in seinem Werk „Träume eines Geistersehers" (Königsberg 1766) kritisch auseinandersetzte, hat das Stichwort für die Elfen- und Feen-Renaissance gegeben: „Alle Engel sind in menschliche Gestalt gehüllte Gefühle der Liebe."[4]

– Das ursprünglich dialogische Menschenbild hat in der Moderne und Postmoderne eine markante Umformung zum monologischen Egozentrismus erfahren. Neben dem Ego auf dem Postament hat kein anderer Platz, weder Gott noch ein Engel.

– Im modernen Weltbild haben die Fragen von Ursache und Wirkung bzw. nach der Eigengesetzlichkeit der Natur die Engel mit ihrer Sphärenmusik im Kosmos verdrängt, ersetzt.

– Die geistig-religiöse Ortsbestimmung der Gegenwart ist eindeutig bipolar. Dem Engelboom steht die Verabschiedung von der Welt und Wirksamkeit der Engel gegenüber.

– Die moderne Esoterik bietet eine breite Palette bunter und erstaunlich detaillierter Aussagen über die Engel an. Sie muß sich einer kritischen Befragung stellen und dabei die Frage nach ihren authentischen und nachprüfbaren Quellen und Dokumenten beantworten.

– Warum tut sich der heutige Mensch so schwer mit seinem Glauben an die Wirklichkeit und Wirksamkeit der Engel? Kann man der Antwort des berühmten Dogmatikers der Theologischen Fakultät Tübingen, Karl Adam (1876–1966), folgen und sie bejahen, wenn er als Deutung und Ursache nennt: „Die abendländischen Augen sind alt geworden und können nicht mehr die ganze Wirklichkeit sehen. So liegt das Übel ... in der Grundeinstellung des europäischen Menschen. Er hat das Sehen verlernt."[5]

– Die Parole der Gegenwart ist kein eindeutiger Imperativ, keine klare Feststellung, sondern eine Frage: Abschied vom Engel oder Wiederentdeckung des Engels?

Die Bibel – Fundamental-
dokument über die Engel

Es gibt in der gerade der jüngsten Zeit in aller Welt eine um-
fangreiche Spezial- und Informationsliteratur über die Engel. Das Menschenleben ist zu kurz, um sich nach der Lektüre
auch nur der wichtigsten Werke und Lexika ein persönliches
Urteil bilden zu können. Die Kürze des Lebens und der For-
schungsmöglichkeit nötigt zur Auswahl, zur Lektüre der seriö-
sen Bücher.

Ich persönlich setze auf die Heilige Schrift des Alten wie des
Neuen Testaments als Fundamentaldokument über die Engel.
Im Glauben wird die Sammlung dieser biblischen Dokumente
– insgesamt 66 Schriften, davon 39 Bücher des Alten Testaments und 27 Schriften des Neuen Testaments – als „Wort Gottes" verstanden. In der Feier der eucharistischen Liturgie erfährt die Bibel als Wort Gottes eine einzigartige Verehrung mit
Weihrauch, in ähnlicher Weise wie Christus in der konsekrier-
ten Hostie der Monstranz.

Warum in der Nachforschung über Engel in die Ferne exotischer
Dokumente schweifen, wenn das Gute der Heiligen Schrift als
Wort Gottes so nahe, so leicht erreichbar ist? Kann es eine bes-
sere Information über die Engel geben als durch Gott, den
Schöpfer des Himmels und der Erde, den Schöpfer aller sichtbaren und unsichtbaren Wirklichkeiten, den Schöpfer auch der Engel als Geistwesen? „Gott ist Licht. In ihm gibt es keine Dunkelheit" (1 Joh 1,5). Wir können uns verlassen auf das Jesuswort:
„Ich bin der Weg, die Wahrheit und das Leben" (Joh 14,6).

Man sollte es aber offen sagen: Lektüre und Auslegung der
Heiligen Schrift sind alles andere als leicht. Schriftlesung ist

mehr und etwas ganz anderes als die Lektüre eines antiken Schriftstellers oder eines Religionsstifters aus dem Fernen Osten. Sie verfängt sich in Fehldeutungen, wenn sie nur gescheites Menschenwerk ist. Mit aller Deutlichkeit hat Jesus gesagt: Der Weg in das Mysterium der Heiligen Schrift öffnet sich nur unter der Führung und Erleuchtung des Heiligen Geistes. Rückblickend erinnert dieser daran, was Jesus gesagt hat (Joh 14,26). Vorausblickend führt er ein in die Tiefendimension und in die Zusammenhänge der Gotteswahrheit (Joh 16,12–13).

Zwei Probleme

Auf zwei Schwierigkeiten theologischer wie auch sprachlicher Art sei klärend und richtungsweisend hingewiesen.

Erstens:

Das theologische und zugleich religionspädagogische Problem ist darin zu sehen, daß es im Umfeld der zwölf Stämme Israels die Vielgötterei der ägyptischen Tiergötter und der babylonisch-assyrischen Astralgötter gab. Durch das Wort Gottes sollte Israel hingeführt werden zum Ein-Gott-Glauben, zum Monotheismus, wie er vom Bundesgott eingefordert wurde: „Ich bin Jahwe, dein Gott ... Du sollst neben mir keine anderen Götter haben" (Ex 20,2–3).

Hat der offenbarende Gott lange die Verkündigung der Existenz der Engel und ihrer Tätigkeiten zurückgehalten, um die Glaubenskraft seines Bundesvolkes nicht über Gebühr zu belasten? Allzu leicht wäre durch die Hintertüre der Polytheismus eingetreten, wären im Volksglauben aus Engeln neue und alte Göttinnen und Götter hervorgegangen.

In den ältesten Schichten des Alten Testaments ist von Engeln jedenfalls kaum die Rede. Meist werden Engel mit religiös harmlosen Bezeichnungen eingeführt – als „Söhne Gottes" (Gen 6,2), als „die Heiligen" (Hiob 5,1), als „die Gewaltigen" (Ps 102,20), als „die Männer" (Gen 18,2). Mit solchen Bezeichnungen werden Engeln insgesamt der Schar der Geschöpfe Gottes zugerechnet. Jedoch bleibt ihre besondere Aufgabe gegenüber Gott, im Kosmos und vor allem gegenüber den Menschen unausgesprochen.

Es schimmern in dieser göttlichen Verhaltenheit die Konturen der Heilspädagogik Gottes durch. Erst nach der Festigung des Ein-Gott-Glaubens sollte behutsam die Einsicht in die Existenz der Engel und deren Sonderaufgaben im Volk Gottes erschlossen werden. Hinzu kommen später ganz neue Glaubens- und Gottesnöte, als im spätjüdischen Glauben und Leben Gott in immer größere Distanz und Entfernung rückt. Dann stellen Engel als Boten Gottes die Überbrückung zum weitab und unerreichbar fernen Gott her.

Zweitens:

Noch schwerwiegender ist das sprachliche Problem: Gottes Wort im Menschenwort. Was Gott sich dabei „geleistet" hat bis hin zur Einschränkung, ja bis hin zum Mißverständnis seiner Verkündigung, ist kaum faßbar.

Der biblische Gott ist kein stummer Buddha. Er ist ein sprechender, kontaktfreudiger, ein liebender und dynamischer Gott, der mit Menschen ins Gespräch kommen will und mit den Menschen über die Zeit hinaus in einem ewigen Gespräch bleiben will. Ein Gott der Überraschungen![6]

Aber genau hier liegt das Problem, mit dem Gott fertig werden muß. Damit Gott von den Menschen verstanden und auch geliebt werden kann, muß er sich der Sprache der Menschen bedienen. Die Himmelssprache im dreifaltigen Gott eignet sich nicht für das Gespräch mit den Menschen. Das Problem Gottes ist in einem winzigen Satz angesprochen, der so leicht überlesen wird: „Und Gott sprach". In welcher Sprache hat Gott mit den ersten Menschen gesprochen? In welcher Sprache hat sich Gott mit dem Urmenschen, mit dem Patriarchen Abraham, mit Mose auf dem Berg Sinai, mit diesem oder jenem Propheten verständigt? „Oft und auf vielerlei Weise hat Gott zu den Menschen gesprochen" (Hebr 1,1).

Gott nimmt es bei seinem Sprechen mit den Menschen in Kauf, daß seine Botschaft, um in das Verständnis der Menschen zu kommen, sich einkörpert und vergeschichtlicht in der Unzulänglichkeit, Überholbarkeit und Verbesserungswürdigkeit der menschlichen Sprache, der menschlichen Worte und Begriffe. Gott wartet nicht, bis in allen Völkern die Sprache ihre höchste Perfektion erreicht hat. Gottes Offenbarung drängt; sie erfährt eine Entäußerung, weil sie in unzulänglicher und überholbarer „Knechtsgestalt" (Phil 2,7), in unzulänglichen Windeln und Krippen verstanden werden muß. Nur ein Teil der Botschaft Gottes wird vom menschlichen Wort und Begriff wiedergegeben. Aber dieser Teil der Gottesbotschaft ist so imponierend und überwältigend, daß selbst dieses Fragment vom Menschen als Wort Gottes aufgenommen, erkannt und verstanden werden kann.

„Kommt aber die Vollendung, so hört das Stückwerk auf ... Jetzt schauen wir in einen Spiegel, dann aber von Angesicht zu Angesicht. Noch ist mein Erkennen Stückwerk" (1 Kor 13,20.12). Ewigkeit ist ein immer tieferes und nie endendes Hineinwachsen in die Mitte und Tiefe der göttlichen Wahrheit und Liebe, wo „Gott alles in allem ist" (1 Kor 15,28).

Wege in die Heilige Schrift

Jeder Leser, der die Bibel aufschlägt und darin liest, braucht dazu keineswegs ein umfassendes historisches, geographisches, linguistisches, archäologisches und exegetisches Expertenwissen. Ein Minimum von Informationen ist jedoch hilfreich bei der Lesung und Deutung biblischer Texte, um nicht in die Irre zu gehen und sich nicht auf Fehldeutungen zu versteifen.

Wie ist die Bibel entstanden?

Die Heilige Schrift ist kein Schreibtischprodukt, das mit allen seinen Abschnitten in abgeschotteter Einsamkeit niedergeschrieben wurde. Das Wort Gottes hat einen jahrtausendelangen Weg der mündlichen Weitergabe in Einzelfamilien, am Lagerfeuer oder in schützenden Zelten, in einzelnen Clans und Stämmen durchlaufen. Darin wurde erzählt von der Vorzeit und ihren Helden, von den Wanderungen, den Zisternen und Weideplätzen, von früheren Freunden und Feinden, von Katastrophen und Todesfällen in den Familien wie in den Herden.
Durch Heirat oder Weidegemeinschaften wurde man vertraut mit den oft ganz anderen Erlebnissen und Gefährdungen anderer Familien, anderer Stämme.
So weitete sich der Blick und das geschichtliche Wissen. So wurde aus Einzelgeschichten langsam und stetig eine große und gemeinsame Stammesgeschichte, eine Volksgeschichte. Diese Stammes- und Volksgeschichte hatte ein seltsames Proprium, ohne das man das Leben und das Überleben nicht verstehen konnte. Dieses rätselhafte Proprium war die Gottes- und Bundesgeschichte, die die Familien- und Stammesgeschichte kräftig durchwirkte.

Erst mit der Seßhaftwerdung des Volkes Israel und nach der Erfindung der Schriftzeichen und Buchstaben wurde das gesprochene Wort, die hohe, in vielen Jahrhunderten praktizierte Kunst des Erzählens und des deutenden Weitererzählens geschriebenes Wort. In der Verschriftung zeigte sich der große Respekt vor den Einzelerfahrungen, vor den unterschiedlichen Gottesbegegnungen der einzelnen Stämme und ihrer Erzähltraditionen.

Diese sehr späte Verschriftung hat ohne Zweifel der Erhaltung der unterschiedlichen Traditionen gedient. Die Schrift konnte von jetzt an beim Wort genommen und zitiert werden. Peinlich genau und hellwach war der Respekt vor den überlieferten Traditionen: Kein Wort, kein noch so kleines Zeichen wie das Jota durfte verändert, ausgelassen werden.

Um das Ausmaß dieses Entstehungsprozesses darzustellen, sei gesagt: Das Alte Testament ist der wohl kühnste und durchaus gelungene Versuch der Weltliteratur, einen viele Milliarden Jahre umspannenden Zeitraum – vom Beginn des Universums bis zum historischen Auftreten Jesu von Nazareth – in rückblickender Schau spannend und einprägsam darzustellen.

Welche geschichtlichen Hintergründe hat sie?

Für eine fruchtbare Lesung und existentielle Aneignung eines biblischen Textes bietet das Wissen um seine Entstehungszeit eine erste Hilfe an. Der sogenannte geschichtliche Kontext begrenzt den historischen und geographischen Auslegungsrahmen. Er scheidet unpassende Gesichtspunkte aus. Er konzentriert hin auf die ganz spezifische und unverwechselbare Problemlage.

Die genaue Kenntnis der geschichtlichen Situation ist hilfreich und inspirierend für die situationsgerechte Auslegung aus dem historischen Milieu heraus mit seinen bunten Facetten. Sie hilft die Ursachen und Einflüsse zu bündeln, die auf die sprachliche Gestalt wie auf die inhaltlichen Aussagen und Zielsetzungen eines Textes (etwa eines Paulusbriefes) eingewirkt haben.

Die geschichtliche Erstinformation befaßt sich auch mit Forschungsergebnissen, bisweilen auch mit Forschungsüberraschungen (etwa der Qumranhandschriften vom Jahr 1947 an) und mit den ältesten Handschriften (Papyri, Lederrollen, Pergamente) eines biblischen Werkes. Anregend für eine genaue Texterfassung sind auch Parallelberichte wie Textvarianten. Es sind Erlebnisse der Entdeckerfreude, jenen Motiven auf die Spur zu kommen, die bei der Endredaktion verschiedener Textstränge mitgewirkt haben; und warum der eine Überlieferungsstrang wegen seiner Theologie dominant wurde, während andere Überlieferungen zurückgedrängt und erheblich zugeschnitten wurden.

Auch das theologische oder seelsorgliche Profil des Autors (als Einzelperson bzw. als Verfasserteam), seine schriftstellerische Fähigkeit und Flexibilität, seine Stellung in einer Christengemeinde, seine heftige Kritik als alttestamentlicher Prophet machen den Text zu einem offenen Acker. Nicht minder wichtig für die Textbegegnung ist das Wissen um die Adressaten (Einzelperson oder Urgemeinde), um deren Probleme und Anfragen, um deren Streitigkeiten und Rivalitäten.

Zusammenfassend wollen die Informationen über die Geschichte die Fragen beantworten: Wer ... wann ... wo ... für wen ... warum.

Was heißt Geschichtlichkeit?

Die Informationen über die Geschichte der Niederschrift der biblischen Bücher erhalten eine interessante Weiterführung und Vertiefung durch die Reflexion der Geschichtlichkeit selbst. Es geht dabei um den Stellenwert und die Deutungsperspektiven eines biblischen Buches, einer biblischen Textpassage (etwa als Evangelium eines Sonntages).

Wie steht dieser Text im Strom der alttestamentlichen bzw. der neutestamentlichen Verkündigung? Wie steht dieser Text im Leben und Wirken etwa des Apostels Paulus wie auch in seiner Briefliteratur? Stehen alle seine Texte auf der Höhe gleicher, gleichsam stabiler theologischer Aussagen? Läßt sich da und dort plötzlich eine theologische Neusicht oder sogar eine stetige Entwicklung und Reifung seiner Theologie, seines Christusbildes wie seiner Kirchenverantwortung entdecken?

Es geht um den Stellenwert und Beitrag einer Einzelschrift im Gesamtoeuvre eines biblischen Schriftstellers wie in der großen Wortgeschichte Gottes. Es gibt nicht nur eine Entwicklung und Vertiefung der Glaubenswahrheiten (Dogmen) im Leben und Beten der christlichen Glaubensgeschichte. Bereits innerhalb des Alten wie des Neuen Testaments gibt es einen deutlichen Wachstums- und Reifungsprozeß, bedingt und vorangetrieben durch mannigfache Faktoren, die vom Schleier des Mysteriums verhüllt sind und sich dem Zugriff menschlichen Forschens entziehen. Es ist dies ein persönlich-schriftstellerisches Ringen um Gehalt und Gestalt aus der Not und Nötigung überlieferter und selbstgebrauchter Formulierungen. Es ist das Erlebnis des Schriftstellers, daß alte Formulierungen nicht mehr „ankommen" und daß die gleiche Wahrheit „anders" formuliert und niedergeschrieben werden muß. Kommt diese Einsicht des biblischen Schriftstellers nur aus seinem sprachlichen und pastoralen Feingefühl oder wird gerade an dieser Stelle das Geheimnis der Inspiration geahnt – als Erleuchtung und Führung des Heiligen Geistes?

Gerade in diesem pneumatischen Ereignis der Mitarbeit und des Zusammenwirkens wird Gottes Wort im Menschenwort geschichtliche Wirklichkeit, so daß die Bibel mit Recht Wort „Gottes" oder „Heilige" Schrift genannt wird. Gottes Wort lebt und wirkt nicht in monotonen Repetitionen. Es liegt über ihm der Glanz der Jugendlichkeit, einer motivierenden Strahlkraft, die Menschen in der Tiefe des Herzens trifft und nicht mehr losläßt. „Bewahre das anvertraute Gut durch die Kraft des Heiligen Geistes, der in uns wohnt" (2 Tim 1,14).

Wann endet die Heilige Schrift?

Kurz sei noch eingegangen auf den Prozeß des Abgrenzens und des Ausgrenzens, der bestimmte Schriften als Bibel und Heilige Schrift zusammenfaßte, aber anderen Schriften, die im einfachen Christenvolk überaus beliebt waren, die Aufnahme in den biblischen Kanon verweigerte, weil sie vorgelegte Kriterien nicht erfüllten.[7]
Selbst im Neuen Testament finden sich deutliche Aussagen über die Vielfalt erzählter wie schriftlicher Jesusgeschichten (Lk 1,1). Am Ende des um 90 n. Chr. abgeschlossenen Johannes-Evangeliums steht der Satz: „Es gibt noch vieles andere, was Jesus getan hat. Wenn man alles aufschreiben wollte, so könnte, wie ich glaube, die ganze Welt die Bücher nicht fassen, die man schreiben müßte" (Joh 21,25).
Als Jesus von Nazareth lebte, und die Urkirche die Bühne der Weltgeschichte betrat, war im religiösen Judentum noch keine Entscheidung über den endgültigen Umfang des Alten Testaments getroffen. Erst im Jahr 90 n. Chr. – nach der Zerstörung der Stadt und des Tempels in Jerusalem durch Titus im Jahr 70 n. Chr. – hat die rabbinische Synode von Jamnia, südlich von Jaffa, die heute im Judentum und im Christentum gültige und respektierte Entscheidung getroffen, welche Bücher in den Kanon des Alten Testaments gehören und welche nicht.
Jesus hat seinen Jüngern nicht den Auftrag erteilt, Bücher zu schreiben und der Welt ein Neues Testament zu schenken. Jesu Auftrag an die Apostel und Künder des Wortes war die mündliche Verkündigung „bis an die Grenzen der Erde" (Apg 1,8). Je-

sus hat nicht einmal eine Andeutung gemacht, ein Neues Testament sei abzufassen und darin vier Evangelien aufzunehmen. Viele Erfahrungen, Verfolgungen und Martyrien, gewiß auch das Abklingen der Erwartung einer baldigen Wiederkunft des Herrn haben zu schriftlichen Äußerungen der Apostel, zu Briefkontakten mit den gegründeten Christengemeinden geführt. Nach der kühnen und gläubigen Zuversicht: „Der Heilige Geist und wir haben beschlossen" (Apg 15,28) kam es nach einem langwierigen Klärungs- und Entscheidungsprozeß vom zweiten christlichen Jahrhundert an zum heute noch akzeptierten Kanon des Neuen Testaments.

Die ausgeschiedenen Schriften, auch Apokryphen genannt, durften in der christlichen Liturgie, vor allem in der Katechese und Belehrung der Taufbewerber nicht verwendet werden. Es ist erstaunlich, daß trotz der Vernichtung vieler apokrypher Handschriften viele Apokryphen fast 2000 Jahre überlebt haben. Wenn Archäologen heute alte Handschriften entdecken, sind es meistens Apokryphen. Bedenken wir: Im Urgestein erhaltener Apokryphen können Goldadern eingelagert sein – mit echten Gottesworten, mit authentischen Jesus- und Marienworten.

Für die Bewertung der außerbiblischen Apokryphen sollte man zwei Fachleute hören:

Die apokryphe Literatur ist nicht in einem luftleeren Raum entstanden, sondern muß auf dem Hintergrund der Gesamtentwicklung in der Kirche der ersten Jahrhunderte gesehen werden.

Wilhelm Schneemelcher

Die apokryphen Schriften erweitern den Horizont und sind für jeden eine Herausforderung. Wir lernen das Fremde der Bibel besser verstehen.

Klaus Berger

Wirklichkeit und Wirksamkeit der Engel im Alten Testament

Zwei Probleme

Um bei der Lektüre von Texten des Alten Testaments nicht Miß-
verständnissen aufzusitzen ist ein Zweifaches zu beachten:

Erstens:
Die Existenz der Engel beginnt nicht erst dann, wenn Menschen sich über Engel Gedanken machen und Engel als Beschützer und Tröster in Freud und Leid anrufen. Engel hätten
dann nur eine Phantasie-Existenz oder sie besäßen in Texten
eine papierene Existenz.

Ehe Welt und Mensch erschaffen wurden, also vor Jahrmillio-
nen, ehe Menschen im aufbrechenden Bewußtsein standen,
hat es die Wirklichkeit und die Wirksamkeit der Engel gegeben.
Denn der Versucher des Menschen („die Schlange", Gen 3)
war schon lange vor ihm zu Fall gekommen, beim Engelkampf
(Offb 12). Es gibt einen langen Vorbereitungsweg, ehe Menschen fähig werden, sich Engel vorzustellen oder gar eine Begegnung mit Engeln auszuhalten. Dieser lange Vorbereitungsweg wird durchlaufen auf Grund einer gütigen Pädagogik
Gottes. In der rechten Entwicklungsstufe des Menschen und in
verantwortbarer Dosierung wird dem Menschen in der Umwelt
und Mitwelt Leben und Wirken von Engeln zugemutet.

Zweitens:

Die alttestamentlichen Texte über Engel stehen nicht auf gleicher Augenhöhe. Sie sind verstreut und verteilt auf einzelne Schriften des Alten Testaments, die meist aus Spätepochen stammen, an unterschiedliche Adressaten gerichtet sind und Antworten auf unterschiedliche Nöte und Probleme geben.

Die alttestamentlichen Engeltexte sind daher gemäß des geschichtlich nachweisbaren Entstehungsprozesses des Alten Testaments in die Etappe des Spätjudentums einzuordnen. Es gibt ein Wachstum der alttestamentlichen Theologie, Liturgie und Volksfrömmigkeit. In ähnlichem Rhythmus gibt es ein Wachsen und Reifen der alttestamentlichen Engellehre.

Die Engellehre ist nicht von Anfang an fertig da. Sie ist auch nicht in einer späteren, geschichtlichen Phase plötzlich da. Es gibt vielmehr einen überaus langen Weg vom Fehlen bis hin zur Reifung der alttestamentlichen Engellehre. Es läßt sich ferner ein Auf und Ab des alttestamentlichen Engelinteresses feststellen. Die theologische Phase, in der man den nahen Gott zum fernen Gott werden ließ und die Schreckensparole ausgab: „Wer Gott sieht, muß sterben" (Ri 6,23), war für die alttestamentliche Engellehre eine Renaissance.

Gerade in dieser Phase einer Gottentfernungstheologie entfalteten Engel ihre größte Aktivität, indem sie die den Menschen verwehrte Verbindung mit Gott herstellten.[8] In einer knappen Überschau kann festgestellt werden: Die Engellehre des Alten Testaments entfaltet sich nach einer langen Schweigepause zu einem langsam ansteigenden Crescendo, um dann in unterschiedlichen Anliegen, Interessen und Lautstärken bald in Dur, bald in Moll wie ein Echo im Neuen Testament weiterzuklingen. Was im Neuen Testament als Engellehre sich findet, wurde vorbereitet durch die Engellehre des Alten Testaments.[9]

Aus der Palette alttestamentlicher Zeugnisse (Texte 1–15)

Die Auswahl alttestamentlicher Engeltexte wird in der kanonischen Reihung der biblischen Bücher zitiert. Etwa 120 Stellen über Engel finden sich im Alten Testament. Diese Engeltexte sind nur in wenigen Kapiteln enthalten, keineswegs über alle Bücher des Alten Testaments verstreut. Die Zurückdrängung der Engeltexte belegt die Dominanz der biblischen Gotteslehre, des Monotheismus.

Ergänzend ist zu jeder wörtlich zitierten Stelle ein Kurzkommentar angefügt.

Zur leichteren Auffindung in Glaubensseminaren oder in Bibelkreisen sind die biblischen Texte des Alten wie des Neuen Testaments fortlaufend numeriert.

1 *Er (Gott, der Herr) vertrieb den Menschen, ließ ihn öst-*
lich vom Garten Eden wohnen und stellte die Cherubim
und die flammende Schwertklinge auf, den Weg zum
Baum des Lebens zu behüten.

(Gen 3,24)

Dieser Text, der der jahwistischen Überlieferung entstammt
(d. h. jenen Texten, in denen für Gott das Wort „Jahwe" steht),
ist wegen der Doppelung „die Cherubim und die flammende
Schwertklinge" bemerkenswert. Die Bezeichnung „Cherubim" (Gen 3,24) dürfte einer sehr alten Überlieferungsge-
schichte entstammen; sie wird im Schrifttum wie in der bil-
denden Kunst des alten Orients für besonders wichtige und un-
bestechliche Personen verwendet. Mit den personalen Wesen
der Cherubim wird die Formulierung „die flammende
Schwertklinge" verknüpft. Ist damit eine besonders unerbittli-
che Wächtergruppe oder eine Einzelperson gemeint? Wahrscheinlich will die sprachliche Doppelung eine besonders
starke Wache zum Ausdruck bringen, die Menschen nie und
nimmer überwinden werden.

2 *In jenen Tagen gab es auf der Erde die Riesen, und auch später noch, nachdem sich die Gottessöhne mit den Menschentöchtern eingelassen und diese ihnen Kinder geboren hatten. Das sind die Helden der Vorzeit, die berühmten Männer.*

(Gen 6,4)

Dieser Text der jahwistischen Überlieferung, einer der schwierigsten des ganzen Alten Testaments, mutet an wie ein weit zurückliegender Mythos einer verklungenen Religionsgeschichte. Zu fragen ist: Können die „Gottessöhne" gleichgesetzt werden mit Engeln? In das erste Buch Mose wurden Überlieferungen uralter Mythen wohl aus dem ägyptischen Milieu aufgenommen, die bei der sehr späten, endgültigen Pentateuchredaktion (d. h. der Endredaktion der fünf Bücher Mose) erstaunlicherweise stehengeblieben sind: ohne Wertung, aber auch ohne kritische Konfrontation mit dem eigenen Gottesbild!

3 *Der Engel des Herrn fand Hagar an einer Quelle in der
Wüste ... Da sprach der Engel des Herrn zu ihr: Geh
zurück zu deiner Herrin ... Der Engel des Herrn sprach
zur ihr: Du wirst einen Sohn gebären und ihn Ismael
(Gott hört) nennen ... Da nannte sie den Herrn, der zu
ihr gesprochen hatte: El Roi (Gott, der nach mir schaut).*

(Gen 16,9–13)

Im alttestamentlichen Hagar-Text sind jahwistische und elohi-
stische (in denen das Wort „Elohim" für Gott verwendet
wird) Überlieferungen zu einer Texteinheit verarbeitet. Er hat
die Aufgabe, die Genealogie des Aramäers und Patriarchen
Abraham und seine verwandtschaftlichen Beziehungen zu be-
nachbarten Stämme im alten Orient (etwa zu den Ismaeliten)
über Ismael, den Sohn Abrahams mit Hagar (Gen 25,12–16;
36,2 ff.), überschaubar festzuhalten (vgl. dazu die Argumentation in Gal 4,21–32). In einer Familiengeschichte wird die
göttliche Verheißungsgeschichte mit der altorientalischen
Völkergeschichte verwoben (vgl. Gen 25,7–10). In dem vor-
gelegten Text ist auffallend die dreimalige Singular-Formel
„der Engel des Herrn" (= maleák Jahwé), die hinweist auf
eine ganz bestimmte, spätere Epoche der alttestamentlichen
Engellehre.

4 *Als sie (Abraham und sein Sohn Isaak) an den Ort ka-*
men, den ihm (Abraham) Ha-Elohim genannt hatte,
baute Abraham den Altar, schichtete das Holz auf, fes-
selte seinen Sohn Isaak und legte ihn oben auf den Al-
tar, oben auf das Holz. Schon streckte Abraham seine
Hand aus und nahm das Messer, um seinen Sohn zu
schlachten. Da rief ihm der Engel des Herrn vom Him-
mel her zu: Abraham, Abraham! Er antwortete: Hier bin
ich.
Jener sprach: Streck deine Hand nicht gegen den Kna-
ben aus und tu ihm nichts zuleide! Denn jetzt weiß ich,
daß du Elohim fürchtest; du hast mir deinen einzigen
Sohn nicht vorenthalten. Als Abraham aufschaute, sah
er: Ein Widder hatte sich hinter ihm mit seinen Hörnern
im Gestrüpp verfangen. Abraham ging hin, nahm den
Widder und brachte ihn statt seines Sohnes als Brand-
opfer dar.

(Gen 22,9–13)

Einen dramatischen Höhepunkt erreicht die Geschichte Abra-
hams mit dem Bericht über die göttliche Herausforderung, sei-
nen Sohn Isaak zu opfern. Im Umfeld Abrahams gab es die
Opferung Erstgeborener. Der alttestamentliche Bericht ist eine
Klarstellung: Gott lehnt Kinderopfer ab.
Beachtenswert ist die Formel „der Engel des Herrn", der nun
erscheint und Gegenwart wie Wirksamkeit Gottes aufzeigt.
Gott selbst ist es, der aus der Engelerscheinung spricht. T. van
Trigt schreibt dazu: „Die Erscheinung des Engels wirkt wie
eine ‚literarische' Größe."[10]
Religionsgeschichtlich kann in dieser Opferszene wie in einem
Konzentrat der jahrhundertelange Übergang von Menschenop-
fern zu Tieropfern gesehen werden.

5 *Da hatte er (Jakob) einen Traum: Er sah eine Treppe, die auf der Erde stand und bis zum Himmel reichte. Auf ihr stiegen Engel Gottes auf und nieder. Und siehe, Jahwe stand oben und sprach: Ich bin Jahwe, der Gott deines Vaters Abraham und der Gott Isaaks!*

(Gen 28,12–13)

Der Bericht über den Traum Jakobs von der Himmelstreppe (oder Himmelsleiter) enthält mehrere, theologisch wie religionsgeschichtlich bedeutsame Aussagen. Zunächst wird von einer Vielzahl von „Engeln Gottes (Elohim)" gesprochen, die das Gespräch vom göttlichen Oben zum menschlichen Unten (Jakob) ermöglichen. Dieser Gott ergreift selbst das Wort. Er ist ein naher Gott, der gesehen wird und auch spricht.

Durch die „Himmelstreppe" werden Diesseits und Jenseits verbunden, so daß Jakob mit Recht von der „Pforte des Himmels" (Gen 28,17) spricht.

Überaus wichtig ist schließlich der Einblick in die Entwicklung und Läuterung des alttestamentlich-monotheistischen Gottesbildes, wenn es im Text weiter heißt: „Dann wird Jahwe mir Gott (Elohim) sein" (Gen 28,21b). Elohim ist Plural. Jakob erkennt: Nicht mehr Elohim, eine Vielzahl von Göttern, sondern der neue Name „Jahwe" spricht die Einsicht des einen einzigen Gottes aus: Markierung des Weges vom Polytheismus zum Monotheismus (vgl. Joh 1,51).

Zu Jakobs Engelkampf siehe den Kommentar zu Nr. 7. Diese Geschichte wird zeigen, daß die Offenbarung Gottes von der Himmelstreppe herab keine romantische Vision, sondern existentieller Ernst ist, zumal sie sich ereignet, als Jakob sich in großer Angst vor seinem Bruder Esau befindet, einer Angst, die sich nach dem Engelkampf wie durch ein Wunder als unbegründet erweist.

6 *Eines Tages trieb er (Mose) das Vieh über die Steppe hinaus und kam zum Gottesberg Horeb. Dort erschien ihm der Engel des Herrn in einer Flamme, die aus einem Dornbusch emporschlug. Er schaute hin: Da brannte der Dornbusch und verbrannte doch nicht ... Elohim rief ihm aus dem Dornbusch zu: Mose, Mose. Er antwortete: Hier bin ich.*

(Ex 3,1–2.4)

Das Ereignis des brennenden Dornbuschs ist *die* Schlüsselgeschichte für das alttestamentliche Gottesbild ebenso wie für die alttestamentliche Engellehre. Es verfließen der erscheinende Engel des Herrn und der sprechende Gott. In dem brennenden und nicht verbrennenden Naturereignis lodert die Epiphanie des Engels auf. Aber nicht der Engel spricht, sondern Gott.

In der Mose-Epoche war der Gottesname „Jahwe" eine relativ junge und neue Formulierung. Von ihr erhielt die Entwicklung des alttestamentlichen Gottesverständnisses zukunftsträchtige Impulse. Im Namen und in der Theologie des „Jahwe" bündelt sich der in der Vergangenheit stets angerufene „Gott der Väter". Jahwe, das Tetragramm JHWH, ist der neue EL (= Gott). In Jahwe wurde in einer langen Phase der „Gott der Väter, der Gott Abrahams, Isaaks und Jakobs" (Ex 3,15) integriert. Jahwe ist der immer gleiche, immer gegenwärtige, immer helfende Bundesgott Israels (vgl. Apg 7,35).

7 *Unterwegs am Rastplatz trat Jahwe (der Engel des Herrn) dem Mose entgegen und wollte ihn töten.*

(Ex 4,24)

Der Kurztext eines einzigen Verses sollte Stoppzeichen des Nachdenkens sein, wenn man den hebräischen Originaltext mit seiner griechischen Übersetzung in der Septuaginta (LXX) vergleicht. Im Originaltext wird von Jahwe, von Gott gesprochen, der Mose töten wollte. In der altjüdischen Auslegungsgeschichte war ein mordender Gott eine Belastung. So etwas tut doch Gott nicht! In der griechischen Übersetzung der Bibel, entstanden um 250 v. Chr. wohl in Alexandrien, wird eine kleine Textkorrektur gemacht und damit das Glaubensproblem beseitigt. Jahwe wird dadurch entlastet, daß sein Name ersetzt wird durch „der Engel des Herrn". Die kleine Korrektur wird zur Beseitigung eines jüdischen Glaubensproblems.

Heftige Gefühlsäußerungen etwa der Reue Gottes (Gen 6,6) oder Vermenschlichungen (Anthropomorphismen) Gottes werden in der griechischen Übersetzung korrigiert. Hinter dieser Tendenz wird eine starke Vergeistigung Gottes in der jüdischen Theologie wie im Glauben des alttestamentlichen Volkes sichtbar.[11]

Übrigens hatte schon Jakob mit Gott in Gestalt eines Engels gerungen (Gen 32,23–33). Jakob hatte sich als stärker erwiesen, bis der Engel einen Trick anwandte. Jetzt aber ließ Jakob nicht locker: „Ich lasse dich nicht, du segnetest mich denn." Gott benennt Jakob in „Israel" um. Der Name war das Wesen seines Trägers, Benennung Macht (Gen 2,19 f.). Jakob wurde so von Gott kräftig „herangenommen" und Führer seines Volkes. Christlich wurde die uralte und dunkle Episode zum Bild geistlichen Kampfes und der Wirkung inständigen Gebetes (Origenes, Hieronymus).

8 *Ich werde einen Engel schicken, der dir (Volk Israel)
vorausgeht. Er soll dich auf dem Weg schützen und dich
an den Ort bringen, den ich bestimmt habe. Achte auf
ihn und hör auf seine Stimme! Widersetze dich ihm
nicht! Er würde es nicht ertragen, wenn ihr euch auf-
lehnt; denn in ihm ist mein Name gegenwärtig.*

(Ex 23,20–21)

Der „Engel des Herrn" wird nicht nur erlebt als Mysterium tremendum, als furchterregendes Geheimnis des zürnenden, des
strafenden Gottes. Der Engel ist immer auch Mysterium fascinosum, Geheimnis der Faszination, der Nähe, der Hilfe, der
Tröstung und Freundschaft Gottes. Er ist Weg-Geleiter auf allen
Wegen und in allen Entscheidungen des Lebens. Im Engel ist
immer „der Name Gottes" präsent (Name Gottes = Gott als
gegenwärtige und wirksame Person).

9   *Der Geist Jahwes war von Saul gewichen; jetzt quälte*
ihn ein böser Geist, der von Jahwe kam. Da sagten die
Diener Sauls zu ihm: Ein böser Geist Elohims quält
dich. Darum möge unser Herr seinen Knechten, die vor
ihm bestehen, befehlen, einen Mann zu suchen, der die
Zither zu spielen versteht. Sobald dich der böse Geist
Elohims überfällt, soll er auf der Zither spielen; dann
wird es dir wieder gut gehen ... Saul schickte Boten zu
Isai ... So kam David zu Saul und trat in seinen Dienst
... Sooft nun der böse Geist Elohims Saul überfiel,
nahm David die Zither und spielte darauf. Dann fühlte
sich Saul erleichtert, es ging ihm wieder gut, und der
böse Geist wich von ihm.

(1 Sam 16,14–23)

Dieser Text ist ebenso interessant wie brisant. Interessant für
die Medizin: Heilung durch Musik! Brisant für Exegese und
Theologie: Wie soll man deuten die Formulierung „der böse
Geist Gottes (Elohims)"?

Das hebräische Wort „ruách" (Wind, Geist), das in anderen Texten als „guter Geist" (Ps 143,10) oder als „Geist der Gnade"
(Sach 12,10) vorkommt, wird hier mehrmals als „böser Geist
Elohims" zitiert. Hier werden frühe Vorstufen ebenso der alttestamentlichen Gotteslehre wie der Engellehre sichtbar. Es
öffnet sich ein Blick in die Entwicklungsgeschichte alttestamentlichen Redens und Schreibens über Gottes Allursächlich-
keit.

Es liegen in dieser Zeit erhebliche Schwierigkeiten vor, über
Gedanken, Motive und Entscheidungen Gottes zu reden und
zu schreiben (vgl. 1 Kön 22,19–23), weil im damaligen geisti-
gen Umfeld die Psychologie erst ansatzweise vorlag. Ein Un-
glück?

10 *Tobit ging auf die Suche nach einem Begleiter und traf dabei Raphael; Raphael war ein Engel, aber Tobit wußte es nicht ... Ich bin Raphael, einer von den sieben heiligen Engeln, die das Gebet der Heiligen emportragen und mit ihm vor die Majestät des heiligen Gottes treten.*

(Tob 5,4;12,15)

Das Buch Tobit, entstanden um 200 v. Chr., gibt Einblick in jüdische Diasporagemeinden außerhalb Palästinas. Die Begegnung mit dem Engel Raphael (= El heilt) ist kein schockierendes Erlebnis. Die Engellehre ist bereits selbstverständliches Glaubens- und Lebensgut. Daß bereits über Ränge und Rangstufen der Engel nachgedacht worden ist, spricht Raphael selbst in der Präzisierung seiner Aufgaben auf: „Ich bin Raphael, einer von den sieben heiligen Engeln" (Tob 12,15).

11 *Das Gut, das er verschlungen hat, speit er aus; aus seinem Leib treibt Gott (ein Engel) es heraus.*

(Hiob 20,15)

Der ausgewählte Kurztext entstammt dem Buch Hiob, einem Dokument der alttestamentlichen Lehrweisheit, das wohl in der nachexilischen Epoche, im fünften vorchristlichen Jahrhundert niedergeschrieben wurde. Sein Hauptthema ist die quälende Frage: Woher kommt das Leid? (Die Theodizeefrage spitzt zu: Woher kommt das Leid, wenn Gott allmächtig und gütig ist?) Warum kommen über Fromme und Gerechte Leiden? Vorliegender Text wurde ausgewählt, um nochmals auf die Ersetzung des im hebräischen Urtext stehende Wortes „Gott" in der griechischen Septuaginta durch das Wort „Engel" hinzuweisen.

12 *Was ist der Mensch, daß du an ihn denkst,*
des Menschen Kind, daß du dich seiner annimmst?
Du hast ihn nur wenig geringer gemacht als Gott
(die Engel),
hast ihn mit Herrlichkeit und Ehre gekrönt.

(Ps 8,5–6)

Er befiehlt seinen Engeln
dich zu behüten auf all deinen Wegen.
Sie tragen dich auf ihren Händen,
damit dein Fuß nicht an einen Stein stößt.

(Ps 91,11–12; vgl. Mt 4,6)

Lobt den Herrn, ihr seine Engel,
ihr starken Helden,
die seine Befehle vollstrecken,
seinen Worten gehorsam!
Lobt den Herrn, all seine Scharen,
seine Diener, die seinen Willen vollziehen!

(Ps 103,20–21)

Ich will dir danken aus ganzem Herzen,
dir vor den Engeln singen und spielen;
ich will mich niederwerfen zu deinem heiligen Tempel
hin
und deinem Namen danken für deine Huld und Treue.

(Ps 138,1–2)

Die 150 Psalmen des Alten Testaments sind lebendig geblieben
als Gebetbuch des Neuen Testaments, in der Liturgie, als gemeinsames Loblied der getrennten Christenheit. Immer wieder
wird in ihnen von den Engeln gesprochen, von ihren Aufgaben
und ihrer Zielsetzung: mit der ganzen Schöpfung das gloria dei,

das Gotteslob zu singen. Im Psalmgebet klingt die irdische Liturgie mit der Liturgie der Engel zusammen.

Psalmen sind Gedichte. Psalmen werden nicht rezitiert. Sie werden gesungen. Sie nötigen zum Singen, etwa im Gregorianischen Choral. „Wer singt, betet doppelt" (Augustinus). Psalmen sind das große Gebetbuch der Menschheit, das Glaubens- und Trostbuch des ganzen Volk Gottes – in Freud und Leid, im Erfolg und in der Verfolgung, im Glück und in der Trauer.

Aurelius Augustinus (354–430) hat ausgesprochen, was viele Christen immer wieder erleben: „… mir war wohl bei ihnen" (Bekenntnisse IX 6,14).[12]

13 *Ich sah immer noch hin; da wurden Throne aufgestellt, und ein Hochbetagter nahm Platz. Sein Gewand war weiß wie Schnee, sein Haar war wie reine Wolle. Feuerflammen waren sein Thron, und dessen Ränder waren loderndes Feuer. Ein Strom von Feuer ging von ihm aus. Tausendmal Tausende dienten ihm, zehntausendmal Zehntausende standen vor ihm.*

(Dan 7,9–10)

Das Buch Daniel (danij-El = Gott ist mein Richter) zählt zu den Schriften der jüdischen Apokalyptik, der Erwartung des Gerichts am sicher kommenden, aber unbekannten „Tag des Herrn". Es wurde um 165 v. Chr. in Palästina geschrieben und hat geschichtliches Material aus der Babylonischen Gefangenschaft (586–538) verarbeitet. In den letzten vorchristlichen Jahrhunderten ist aus dem „Engel des Herrn" der jüdischen Frühzeit eine nicht mehr zählbare Schar der Engel geworden (Hiob 25,3). Nicht allen sprach man ein ewiges Leben zu. Es gibt Engel, die sterben. Neue Engel werden erschaffen. Anschaulich erzählt Rabbi Bechai: „Es sind einige Engel, die in Ewigkeit bleiben; das sind jene, welche am zweiten Tag erschaffen worden sind. Und es gibt andere Engel, die verschwinden, wie unsere Rabbiner seligen Angedenkens erklärt haben. Der Heilige (Gott) erschaffe täglich eine Menge Engel, die Gott ein Loblied singen und wieder verschwinden. Das sind jene, die am fünften Tag erschaffen worden sind."

14 *Ich hörte eine Menschenstimme, die rief: Gabriel, er-*
kläre ihm die Vision! Da kam er (Gabriel) auf mich zu.
Als er näher trat, erschrak ich und fiel mit dem Gesicht
zu Boden. Er sagte zur mir: Mensch, versteh: Die Vision
betrifft die Zeit des Endes ... Darauf war ich, Daniel, er-
schöpft und lag mehrere Tage krank zu Bett. Dann
stand ich auf und versah wieder meinen Dienst beim
König (Belsazar).

(Dan 8,16–17.27)

Im vorliegenden Text wird erstmals im Alten Testament der Engelname „Gabriel" (Gabri-El = der starke Gott, Mann Gottes)
genannt (Dan 8,16; 9,21; Lk 1,19.26). Man sollte im Buch Daniel, das im Kanon unter die prophetischen Schriften eingereiht
ist, ähnlich klingende Namen unterscheiden: Daniel, der auch
„Beltsazar" heißt (Dan 4,14) – der babylonische König Nebu-
kadnezar (605–562), der den Namen „Belsazar" trägt.

15 *Im dritten Jahr des Königs Kyros von Persien empfing Daniel eine Offenbarung ... Nur ich, Daniel, sah diese Erscheinung ... Ich hörte den Schall seiner Worte ... fiel betäubt zu Boden und blieb, mit dem Gesicht am Boden, liegen. Doch eine Hand faßte mich an und half mir auf Knie und Hände. Dann sagte er zu mir: Daniel, der Engelfürst des Perserreiches hat sich mir 21 Tage lang entgegengestellt; aber Michael, einer der ersten unter den Engelfürsten, kam mir zu Hilfe ... Jetzt bin ich gekommen, um dich verstehen zu lassen, was deinem Volk in den letzten Tagen zustoßen wird. Denn auch diese Vision bezieht sich auf jene fernen Tage.*

(Dan 10,1.7.9–10.13–14)

Historisch präzise ist das Datum der Offenbarung Gottes an Daniel festgehalten: „im dritten Jahr des Königs Kyros (538–530) von Persien". Es ist genau das Jahr 535 vor Christus. Nachdem bereits der Engelname „Gabriel" (Dan 8,16) bekannt gemacht worden war, wird jetzt ein zweiter Engelname (Dan 10,13) genannt: „Michael" (Micha-El = Wer ist wie Gott?). Er wird im vorliegenden Text in seiner Vorrangstellung „Engelfürst" (Dan 10,21) bezeichnet. Für die jüdische Engellehre überaus bemerkenswert, daß auch von einem „Engelfürsten von Persien" (Dan 10,13.20) geschrieben wird, wie auch von einem „Engelfürsten von Jawan" (Dan 10,20 – unter Jawan wurde zunächst die kleinasiatische Küste mit den vorgelagerten Inseln, später Griechenland verstanden). In den letzten, vorchristlichen Jahrhunderten hat die Engellehre der Juden (gewiß auch durch die Begegnung mit anderen Völkern und Religionen im vorderen Orient) einen gewaltigen Entwicklungsschub erlebt. Nicht nur das auserwählte Volk Israel hatte seinen Schutzengel Michael. Auch den Heidenvölkern wurden einige „Engelfürsten" als Schutzengel zugeteilt.

Konturen des alttestamentlichen Engelbildes

Wie ein Mosaikgemälde aus vielen kleinen, großen und farbigen Steinchen entsteht, so entstand auch das Mosaikbild der alttestamentlichen Engellehre aus vielen Erfahrungen und Begegnungen, aus seltsamen Gesprächen und Berufungen, aus Visionen, Reflexionen und Meditationen vieler Menschen, Familien, Menschengruppen. In vielfältigen Schüben und Färbungen ist in vielen Jahrhunderten das Engelbild gewachsen und gereift. Es war ein ebenso interessanter wie riskanter Weg, dessen Anfang sich in der Landschaft verliert. Erst sehr spät hat sich aus einzelnen Fußspuren ein Pfad, allmählich ein erster, gangbarer Weg gebildet.

Inmitten des altorientalischen Umfeldes der üppigen Vielgötterei kostete es bereits unerhörte Müh' und Not, dem einen und einzigen Gott, der gerufen erlebtes Geleit in vielerlei Anfechtungen gegeben hatte, die Treue zu halten. Geriet mit dem Glauben an Engel der Ein-Gott-Glaube in unabsehbare Gefährdungen bis hin zur Auflösung und Preisgabe? Wie leicht konnten im Glauben und in der blühenden Phantasie des einfachen Volkes aus Engeln Götter und Göttinen werden! Engel können an die Stelle Gottes treten. Engel können den einen Gott verdecken. Der Engel ist leichter erreichbar als der in immer größere Fernen sich zurückziehende Gott.

Beim Engel ist alles von Gott. Beim Engel ist alles für Gott. Beim Engel ist alles mit Gott. Dieser radikale und totale Gottesbezug findet sich in den Engelnamen, die mit dem hebräischen Wort El (= Gott) ihren Sinn haben:

Gabri-El	(= der starke Gott)
Micha-El	(= Wer ist wie Gott?)
Rapha-El	(= Gott heilt).

In einer hochsensiblen Phase hat die Erfahrung des allgemeinen Numinosum personale Konturen angenommen. Man hat den Engel gesehen. Man hat den Engel gehört. Erst sehr spät kommt in der Geschichte des Alten Testaments die Morgenröte erster Versuche herauf, Engel „von Angesicht zu Angesicht" zu beschreiben, zu deuten. Es ist ein deutliches und markantes Highlight der Engelspur: Der *eine* Gott entsendet seinen *einen* Engel, den *einen* Engel Jahwes, den *einen* maléak Jahwé, den *einen* Engel des Herrn.

Die erlebten Erscheinungen des Numinosen an verschiedenen Orten wie vor unterschiedlichen Einzelmenschen bzw. Menschengruppen, haben allmählich feste, personale Konturen angenommen. Sie sehen gewiß im Vordergrund den *einen* Engel des Herrn, aber im Hintergrund dieses *einen* Engels des Herrn werden andere Engel erkennbar, die anwachsen zu immer größeren und schließlich zu nicht mehr überschaubaren Scharen der Engel.

Der geschichtliche Weg des jüdischen Volkes zur Erkenntnis und zur sprachlichen Formulierung und Deutung der Engel ist keineswegs so klar, zielstrebig und systematisch verlaufen, wie wir es in weitem geschichtlichen Abstand sehen. Es hat da und dort auch Sackgassen, Irrwege und Umwege gegeben. Nach der Schlußredaktion des Alten Testament vom dritten vorchristlichen Jahrhundert an sind sie meist gereinigt oder eliminiert worden. Einige alte Formulierungen blieben jedoch wie erratische Blöcke in einer sprachlich und theologisch veränderten Landschaft stehen.[13]

Entwurf auf Zukunft

Es war im Denken und Glauben altorientalischer Menschen unter der Führung und Inspiration Gottes ein langer Weg vom einen, einzigen Gott zum einzelnen Engel, dem „Engel des Herrn" ein langer Weg vom Einzelengel zur Mehrzahl der Engel, ein langer Weg von der Mehrzahl der Engel zur nicht mehr überschaubaren Fülle der Engel (Hiob 25,3; Dan 7,9–10), ein langer Weg vom anonymen Engel zu Engeln mit eigenem Namen (Gabriel, Michael, Raphael), ein langer Weg zum Schutzengel des jüdischen Volkes, Michael, ein langer Weg zur Gliederung der Engelchöre und ihren Namen.

Experten der Wortstatistik zählen etwa 120 Engeltexte im Alten Testament auf. Diese Engeltexte sind keineswegs über das ganze Alte Testament verstreut. Nur in wenigen Traditionssträngen und Schriften finden sie sich. Angesichts des großen Umfangs des Alten Testaments mit insgesamt 46 Einzelschriften mit teilweise erheblichem Kapitelumfang sind 120 Engeltexte ein unterstes Minimum.

Im Alten Testament ist die Engellehre nicht abgeschlossen. Sie befindet sich in einem unvollendeten Entwurf. Sie ist ein Entwurf auf Zukunft, auf Weiterführung, auf Vertiefung, auf Vollendung. Die Engellehre des Alten Testaments erweist sich als Fragment – als wichtiges Fragment, das angelegt ist auf Weitererzählen, Weiterschreiben: eine Engellehre im Werden.

Begegnung und Verehrung der Engel im Neuen Testament

D en Engelglauben haben die Apostel und die judenchrist-lichen Gemeinden Palästinas aus ihrer jüdischen Religion in die Nachfolge Jesu, in ihren Glauben und in ihre Liturgie und mündliche wie schriftliche Verkündigung nahtlos über-nommen. Wie die Christen „täglich einmütig im Tempel (von Jerusalem) verweilten" (Apg 2,46) oder „sich in der Halle Salo-mons versammelten" (Apg 5,12), so hat die junge Kirche den Engelglauben problemlos und überzeugt übernommen. Erst mit der Abgrenzung der Kirche von der jüdischen Synagoge, vor allem in den Auseinandersetzungen mit der Gnosis begannen die Debatten und immer härter werdenden Konfrontationen.

Nach der neutestamentlichen Wortstatistik[14] zählt das Wort „Engel" (griechisch „angelos") zu den Vorzugsworten. Es kommt insgesamt 175mal vor. Nicht erwähnt ist es im Epheserbrief (dort ersetzt durch „Herrschaften und Mächte"), im Philipperbrief wie im zweiten Timotheus-, im Titus- und Philemonbrief und in den drei Johannesbriefen. Hinsichtlich der Häufigkeit des Wortes „Engel" werden folgende Zahlen vorgelegt:

Hebräerbrief	13
Paulusbrief (ohne Hebr)	14
Matthäus-Evangelium	20
Apostelgeschichte	21

Jesus und der Engelglaube

Jesus selbst hat den Engelglauben nicht als Aberglauben be-
kämpft. Er hat mit großer Selbstverständlichkeit und persön-
licher Wärme von seinem Glauben an die Engel gesprochen
und das Vertrauen seiner Zuhörer zu ihnen geweckt. Jesus
sprach Mütter und Väter an, wenn er von den Kindern sagte,
ihre „Engel sehen im Himmel stets das Angesichts unseres
Vaters" (Mt 18,10). Mit großem Ernst sprach er von den Engeln, die mit ihrem Posaunenschall das Gericht ankünden
(Mt 24,29–31). Auf sein freies Ja zur Kreuzigung weist Jesu an-
läßlich seiner Verhaftung im Ölberg hin, denn mehr als zwölf
Legionen Engel könnten ihn herausschlagen, die der himmlische Vater auf seine Bitten senden könnte (Mt 26,52–53).
Mit den Aposteln haben die judenchristlichen Gemeinden Pa-
lästinas gerade dann, wenn einzelne Mitglieder in öffentliche
Gefängnisse geworfen wurden, die Rettung in gottgesandten
Engeln erblickt (Apg 5,17–20; 12,1–11).

Kritische Auseinandersetzungen

In den Reden Jesu ist aber ein neuer Ton unüberhörbar, je mehr
sein Leben und Wirken dem Ende auf Golgotha und dem Verlassen der irdischen Geschichte entgegengeht. Von einem
neuen Akzent des heilsgeschichtlichen Wirkens spricht Jesu in
seinen Abschiedsreden (Joh 14,1–17,26) zu seinen Jüngern:
Ich verlasse die Welt. Ich gehe zum Vater. „Ich werde den

Vater bitten, und er wird euch einen anderen Beistand geben, der für immer bei euch bleiben wird. Es ist der Geist der Wahrheit ... Ich werde euch nicht als Waisen zurücklassen" (Joh 14,16–17; Apg 1,8).

Jesus verspricht nicht Legionen von Engeln, die er senden wird. Das Zeitalter Jesu geht nahtlos über in das Zeitalter des Heiligen Geistes. Darin ist die Wirksamkeit der Engel zwar nicht beendet. Sie ist eingefügt in die übergreifende und verstärkende Wirksamkeit des Heiligen Geistes. Von einer besonderen, gleichsam eigenständigen Wirksamkeit der Engel wird weder geschrieben bei der Schilderung des Pfingstfestes (Apg 2,1–13) noch bei der Wahl des Matthias (Apg 1,15–26) noch bei der Einsetzung der ersten Diakone (Apg 6,1–6) noch bei der Bekehrung des Saulus/Paulus (Apg 9,1–19) noch bei den wichtigen Grundsatzentscheidungen des sogenannten Apostelkonzils (Apg 15,1–29). Es sind nicht Entscheidungen, die von Engeln überbracht worden sind. Es ist ein ganz neues und freudiges, aus Verantwortung getragenes Mitwirken bei den neu anstehenden Entscheidungen, das sprechen ließ: „Es hat dem Heiligen Geist und uns gefallen" (Apg 15,28).

Gegen Ende des ersten christlichen Jahrhunderts wird christliches Sprechen deutlich verhaltener, wohlüberlegter. Im Umfeld der jungen Kirche wurde das Thema „Engel" als Spezialthema hochgespielt und dabei verzerrt. Es war die Gnosis, die gefährlichste Rivalin des frühen Christentums, die ihre Propaganda mit einem verzerrten, beschädigten Engelbild machte.

Die Kirche war daher in ihrer Verkündigung über die Existenz und Wirksamkeit der Engel gezwungen, sehr präzise und zugleich schöpferisch die überlieferte Engeltradition auszulegen, vom gnostischen Engelverständnis deutlich abzuheben und – wenn nötig – auch in neuen Formulierungen weiterzusprechen. In den sieben Sendschreiben der Geheimen Offenbarung (Offb 2,1–22) ist nachzulesen, wie hart und unerbittlich diese

Konfrontation mit der in christliche Gemeinden eingedrunge-
nen Gnosis war.

Die überlieferte und im christlichen Glauben festgehaltene Engellehre mußte verteidigt und in Schutz genommen werden
gegen die Gnosis. Im Hebräerbrief (Hebr 1,1–18) wie auch im
Kolosserbrief (Kol 2,18–19) finden sich deutliche Spuren dieser Auseinandersetzungen mit der gnostischen Engel-Christo-
logie.

Entscheidungsautorität der Kirche

Ein weiteres Problem, das mit der wichtigen Klärung der frühchristlichen Engellehre zusammenhängt, wurde in der bisherigen
Bibelrezeption kaum gesehen: Die Frage der Autorität, der Ent-
scheidungsvollmacht, der Einheit des Glaubens. Wer hat in der
Kirche das Sagen, das Entscheiden: die Engel oder die Apostel?
Unbestritten ist das Fundament: Der Gekreuzigte und Aufer-
standene ist „der eine Mittler zwischen Gott und den Menschen, der Mensch Christus Jesus" (1 Tim 2,5). Wo aber sind in
Zeit und Raum die legitimen Sprecher des unsichtbaren Christus, der in seiner Gemeinschaft bleibt „alle Tage bis ans Ende
der Welt" (Mt 28,20)?
Sind es die Engel als „Boten Gottes"? Sind es die Apostel, denen Jesus den Heiligen Geist als Weggeleiter in alle Wahrheit
vom Vater gesandt hat (Joh 16,12–15) und daher sagen konnte:
„Wer euch hört, der hört mich" (Lk 10,16)? In einer gerade
durch diese offene Frage erregten Phase hat der Apostel Paulus
die damals schwelende Autoritätsfrage wie die Entscheidungs-
kompetenz in der Kirche angesprochen und kantig geklärt:
„Wer euch ein anderes Evangelium verkündigt als wir euch
verkündigt haben, der sei verflucht, auch wenn selbst ... ein
Engel vom Himmel es wäre" (Gal 1,8).

Die Frage der kirchlichen Autorität und ihrer missionarischen Sendung erreicht im gesamten Neuen Testament ihre höchste Aufgipfelung und Beantwortung, wenn im Epheserbrief festgehalten wird: „Die Fürsten und Gewalten des himmlischen Bereichs sollen durch die Kirche Kenntnis erhalten von der vielfältigen Weisheit Gottes, nach seinem Plan, den er durch Christus Jesus, unseren Herrn, ausgeführt hat" (Eph 3,10–11). Ein überaus kühner Verkündigungsauftrag der Kirche an die Engel!

Aus der Palette neutestamentlicher Zeugnisse (Texte 16–35)

16 *Es erschien ihm (Joseph) im Traum ein Engel des Herrn und sprach: Joseph, Sohn Davids, fürchte dich nicht, Maria als deine Frau zu dir zu nehmen; denn das Kind, das sie erwartet, ist vom Heiligen Geist. Sie wird einen Sohn gebären; ihm sollst du den Namen Jesus geben, denn er wird sein Volk von seinen Sünden erlösen.*

(Mt 1,20–21)

Drei Aussagen sind im vorliegenden Text wichtig. Erstens: Auffallend ist die Doppelung „ein Engel des Herrn im Traum". Gott kann sich ja selbst in einem Traum offenbaren, wie etwa gegenüber dem ägyptischen Pharao (Gen 41,1–36). Die Doppelung: Traum – Engel des Herrn sichert die Aussage: Hier hat Gott gesprochen.

Zweitens: Joseph, verwirrt in einer tiefen Krise, erfährt nicht von seiner Verlobten Maria, sondern vom Engel des Herrn die volle Wahrheit. Denn das Kind ist aus der schöpferischen Liebe des Heiligen Geistes empfangen. Es hat sich die Verheißung erfüllt: „Die Jungfrau wird empfangen, sie wird einen Sohn gebären" (Jes 7,14).

Es ist durchaus möglich, daß die Formulierung: „Mit der Geburt Jesu Christi war es so" (Mt 1,18) eine Abwehr damaliger, verleumderischer Klatschgeschichten ist: Die Wahrheit ist nicht so, wie es darin verbreitet wurde.

Drittens: Gott selbst bestimmt den Namen des Kindes. In diesem Namen Jesus (hebräisch: Jehoschua = Jahwe ist Hilfe) ist in Kurzform die Lebensaufgabe dieses Kindes umrissen.

17 *Hütet euch davor, einen von diesen Kleinen zu verach-*
ten! Denn ich sage euch: Ihre Engel im Himmel sehen
stets das Angesicht meines Vaters.

(Mt 18,10)

Mit größter Selbstverständlichkeit wird von Engeln geschrieben, die einen Gottesauftrag gegenüber Menschen haben.
Auch Kinder, selbst der Mensch im vorgeburtlichen Zustand
ebenso wie der demente Mensch ohne Ich-Bewußtsein, haben
einen Engel, einen Schutzengel. Und eine bemerkenswerte
Gleichzeitigkeit enthält der Text. Der Engel ist unsichtbarer
Wegbegleiter und Tröster der Kinder auf Erden und zugleich
sieht er „das Angesicht meines Vaters". Trotz der Vergeistigung
Gottes hat sich die anthropomorphe Formulierung „Angesicht"
bzw. „von Angesicht zu Angesicht" erhalten.

18 *Sofort nach den Tagen der großen Not wird sich die*
Sonne verfinstern und der Mond wird nicht mehr schei-
nen, die Sterne werden vom Himmel fallen und die
Kräfte des Himmels werden erschüttert werden ...
Er (der Menschensohn) wird seine Engel unter lautem
Posaunenschall aussenden und sie werden die von ihm
Auserwählten aus allen vier Windrichtungen zu-
sammenführen, von einem Ende des Himmels zum
andern.

(Mt 24,29–31)

Am Ende der Welt, wenn der totalen Demaskierung niemand
entgeht, kommt Engeln die Aufgabe zu, alle Geschöpfe mit lautem Posaunenschall das Ereignis des Gerichtes anzukünden.
Kaum bedenken wir, was in diesen Worten ausgesagt ist! Unsichtbare Engel können Posaunen blasen und zwar so kräftig
und laut, daß es in allen vier Windrichtungen deutlich zu hören
ist. Aus betenden und tröstenden, warnenden und führenden
Engeln sind musikalische Gerichtsengel geworden – Blasengel.

19 *Doch jenen Tag und jene Stunde kennt niemand, auch nicht die Engel im Himmel, nicht einmal der Sohn, sondern nur der Vater.*

(Mt 24,36)

Dieser Kurztext enthält Aussagen, die nicht nur heute, sondern bereits im urchristlichen Zeitalter Auslegungsschwierigkeiten bereiteten. Engel verfügen als Geschöpfe nicht über Allwissenheit wie der ewige Gott. Sie haben keinen Überblick über die gesamte Heilsgeschichte, über alle Ereignisse der Weltgeschichte. Engel haben ein Teilwissen. Sie dürften wohl von Fall zu Fall über ihre Aufgaben und Sendungen informiert werden.

Daß „nicht einmal der Sohn" den Tag und die Stunde des Gerichts kennt (Mt 24,36), muß schon bei den ersten Christen Glaubensprobleme und Anfragen ausgelöst haben. Ist dies die Ursache gewesen, daß in Lukas 21,5–33 dieser „heiße" Text nicht mehr enthalten ist?

20 *(Gefangennahme Jesu) Da sagte Jesus: Steck dein Schwert in die Scheide; denn alle, die zum Schwert greifen, werden durch das Schwert umkommen. Oder glaubst du nicht, mein Vater würde mir sogleich mehr als zwölf Legionen Engel schicken, wenn ich ihn darum bitte?*

(Mt 26,52–53)

In den vier Varianten des neutestamentlichen Passionsberichts ist dieser Abschnitt Sondergut der Matthäuspassion. An dieser Stelle kommt das der römischen Militärgeschichte entnommene Wort „Legion" vor. Zwölf Legionen Engel (Mt 26,53) sind eine gewaltige Einsatztruppe, wenn man bedenkt, daß während der römischen Kaiserzeit eine Legion etwa 6.000 Soldaten zu Fuß und dazu etwa 120 Reiter umfaßte. Zwölf Legionen wären über 70.000 Mann.

Es ist durchaus möglich, daß die Zahl 12 eine Anspielung auf die „irdische Truppe" Jesu mit den zwölf Aposteln ist. Der allmächtige Sohn Gottes verzichtet auf militärische Aktionen: „Gottes Allmacht in Banden" (John Henry Newman). „Er (Jesus Christus) entäußerte sich, nahm Knechtsgestalt an und wurde den Menschen gleich ... Er war gehorsam bis zum Tod, ja bis zum Tod am Kreuz" (Phil 2,6–7). Im Hebräerbrief steht dazu der mysteriöse Satz: „So hat er, obwohl er Sohn war, an dem, was er gelitten hat, den Gehorsam gelernt" (Hebr 5,8).[15]

21 *Nach dem Sabbat kamen in der Morgendämmerung des ersten Tages der Woche Maria von Mágdala und die andere Maria (die Mutter des Jakobus), um nach dem Grab zu sehen. Plötzlich entstand ein großes Erdbeben, denn ein Engel des Herrn kam vom Himmel herab, trat an das Grab, wälzte den Stein weg und setzte sich darauf. Seine Gestalt leuchtete wie ein Blitz und sein Gewand war weiß wie Schnee ... Der Engel sagte zu den Frauen: Fürchtet euch nicht! Ich weiß, ihr sucht Jesus, den Gekreuzigten. Er ist nicht hier, denn er ist auferstanden.*

(Mt 28,1–6)

Die Ostergeschichte des Matthäus-Evangeliums ist mehrdimensional in ihren Aussagen. Die Bedeutsamkeit des Ereignisses wird durch den „Engel des Herrn" hervorgehoben, dessen Erscheinen außergewöhnlich detailliert geschildert wird. Erst durch den Engel des Herrn wird der schwere Rollstein vor dem Grab weggewälzt. Das große Erstaunen: Das Grab ist leer. Folgerung: Bereits vorher ist aus dem noch verschlossenen Grab der dort Begrabene auferstanden. „Er ist nicht hier, denn er ist auferstanden." Der „Engel des Herrn" ist der erste Verkünder der Auferstehungsbotschaft.

22 *(Versuchung Jesu) Darauf ließ der Teufel von ihm ab,*
und es kamen Engel und dienten ihm.

(Mk 1,12–13)

Der Evangelist Markus hat in zwei Versen den kürzesten Bericht über die Versuchung Jesu hinterlassen (vgl. Mt 4,1–11; Lk 4,1–13). Neben Jesus treten auf: der Satan (hebräisch: „Widersacher", der gegen die Sache Gottes ist) und dienende Engel, ohne genaue Zahl wie auch ohne Nennung ihrer Namen. Von Engeln schreibt abschließend Matthäus (4,11), nicht aber Lukas (4,13).

23 *Im sechsten Monat wurde der Engel Gabriel von Gott in eine Stadt in Galiläa namens Nazareth zu einer Jungfrau gesandt. Sie war verlobt mit einem Manne namens Joseph, aus dem Hause Davids. Der Name der Jungfrau war Maria. Der Engel trat bei ihr ein und sagte zu ihr: Sei gegrüßt, du Begnadete ... Du wirst ein Kind empfangen ... Maria sagte zu dem Engel: Wie soll das geschehen, da ich keinen Mann erkenne? ... Der Engel sagte zu ihr: Der Heilige Geist wird über dich kommen, und die Kraft des Höchsten wird dich überschatten. Deshalb wird auch das Kind heilig und Sohn Gottes genannt werden.*

(Lk 1,26–27.35)

Mit einer genauen Zeitangabe, „im sechsten Monat", wird dieser Text mit dem vorlaufenden Geschehen verknüpft. Eine Schwangerschaft: Marias Verwandte Elisabeth war „im sechsten Monat" (Lk 1,24–25). Der Überbringer der Gottesbotschaft, die Staunen und Verwirrrung bei Maria auslöst, ist der Engel Gabriel (Gabri-El = der starke Gott), dessen Name aus dem Alten Testament bekannt war.

Jesus wurde „nicht aus dem Wollen des Fleisches, nicht aus dem Wollen des Mannes (Joseph) geboren" (Joh 1,13). Es ist vielmehr das schöpferische Wirken, die Überschatttung des Heiligen Geistes, die den pränatalen Lebensbeginn Jesu gesetzt hat. „Was in ihr (Maria) erzeugt worden ist, stammt vom Heiligen Geist" (Mt 1,20). Der unterschiedlich gedeutete Name Maria (Lk 1,27) = Mirjam dürfte „von Jahwe geliebt" bedeuten.

24 *In jener Gegend lagerten Hirten auf freiem Feld und hielten Nachtwache bei ihrer Herde. Da trat der Engel des Herrn zu ihnen, und der Glanz des Herrn umstrahlte sie. Sie fürchteten sich sehr, der Engel aber sagte zu ihnen: Fürchtet euch nicht, denn ich verkünde euch eine große Freude, die dem ganzen Volk zuteil werden soll. Heute ist euch in der Stadt Davids der Retter geboren, der Messias, der Herr ... Und plötzlich war bei dem Engel ein großes himmlisches Heer, das Gott lobte und sprach: Verherrlicht ist Gott in der Höhe und auf Erden ist Friede bei den Menschen seiner Gnade.*

(Lk 2,8–14)

Wiederum tritt ein Sonderengel auf – „der Engel des Herrn". Neu ist jedoch, daß mit dem Engel des Herrn verbunden ist „der Glanz des Herrn". Außerdem wird dadurch die herausragende Bedeutung des geschilderten Ereignisses herausgestellt, daß der Engel des Herrn begleitet ist von einer großen, himmlischen Schar weiterer Engel (Lk 2,13).

Vor allem aber ist bemerkenswert die Ballung von drei christologischen Hoheitstiteln, die in der Botschaft des Engels genannt werden (Lk 2,11):
der Retter (= sotér, Heiland),
der Christus (= Messias, der Gesalbte),
der Herr (= kyrios, Herrscher).

Damit sind wie in einem Konzentrat erschlossen Person und Lebensprogramm des neugeborenen Kindes – als Heiland der Welt, als verheißener Messias, als „König der Könige und als Herr der Herrscher" (1 Tim 6,15; Offb 17,14).

25 Diese Gegenüberstellung will zu einer vertieften Begegnung mit dem Ölbergereignis führen. Einzigartig ist, daß nur der Evangelist Lukas „einen Engel vom Himmel" in seinen Bericht einfügt.

Nur in der lukanischen Fassung des Ölberggeschehens tritt also „ein Engel vom Himmel" (Lk 22,43) auf. Geht dies auf eine schriftstellerische Freiheit und Eigenmächtigkeit des Heidenchristen und Evangelisten Lukas zurück? Konnte er sich auf eine Überlieferung der urchristlichen Gemeinden stützen?

Ohne Zweifel kann man Lukas (um es salopp zu sagen) als Engel-Fan bezeichnen. 25mal wird von ihm das griechische Wort „angelos" benutzt. Von Experten wird heute die These vorgelegt, hinter dem lukanischen Stichwort „ein Engel vom Himmel" sei eine literarische Einkleidung, ein katechetisches Interpretament zu erblicken. Dies solle dem berichteten Ölbergereignis das Gütesiegel eines gottgewollten Heilsgeschehens verleihen. Es solle zum Ausdruck kommen: Was Christus am Ölberg an Tröstung erfuhr, war nicht eine rein psychologisch zu verstehende Selbsttröstung. Selbstverständlich war diese Tröstung zutiefst Heilsereignis vom Vater wie vom Heiligen Geist. Dieser Jesus, menschgewordener Sohn Gottes, ist eine Person der Trinität.

Matthäus	Lukas
Darauf kam Jesus mit ihnen zu einem Grundstück namens Gethsemane und sprach zu den Jüngern: Setzt euch hier nieder, während ich dorthin gehe und bete!	*Als er aber an den Ort kam, sprach er zu ihnen:*
Und den Petrus und die zwei Söhne des Zebedäus nahm er mit und begann zu zittern und zu zagen.	*Betet, daß ihr nicht in Versuchung geratet!*
Dann sprach er zu ihnen: Meine Seele ist betrübt bis zum Tode; bleibt hier und wachet mit mir!	
Und er ging ein wenig weiter, warf sich auf sein Angesicht nieder und betete:	*Und er entfernte sich von ihnen ungefähr einen Steinwurf weit, kniete nieder und betete:*
Mein Vater, wenn es möglich ist, so gehe dieser Kelch an mir vorüber! Doch nicht, wie ich will, sondern wie du willst!	*Vater, wenn du willst, laß diesen Kelch an mir vorübergehen! Doch nicht mein Wille, sondern der deine geschehe!*
	Da erschien ihm ein Engel vom Himmel und stärkte ihn.
(Mt 26,36–39)	(Lk 22,40–43)

26 *Als er (Jesus) das (zu den Aposteln) gesagt hatte, wurde er vor ihren Augen emporgehoben, und eine Wolke nahm ihn auf und entzog ihn ihren Blicken. Während sie unverwandt ihm nach zum Himmel emporschauten, standen plötzlich zwei Männer in weißen Gewändern bei ihnen und sagten: Ihr Männer von Galiläa, was steht ihr da und schaut zum Himmel empor? Dieser Jesus, der von euch ging und in den Himmel aufgenommen wurde, wird ebenso wiederkommen, wie ihr ihn habt zum Himmel hingehen sehen.*

(Apg 1,9–11)

Das Ereignis der Himmelfahrt Jesu wird von „zwei Männern in weißen Gewändern", die wohl als Engel zu deuten sind, ausgelegt. Meinen sie die mächtige Zeitspanne von der Himmelfahrt des Herrn bis zur Wiederkunft des Herrn am Ende der Weltgeschichte? Wie lange wird diese Zwischenzeit dauern? In den Abschiedsreden Jesu im Abendmahlsaal hat Jesus von einer „kurzen Weile" gesprochen: „Noch kurze Zeit, da seht ihr mich nicht mehr, und wieder eine kurze Zeit, da werdet ihr mich (wieder-)sehen" (Joh 16,16).

Könnte unter „der kurzen Zeit" auch die Zeit der wenigen Tage „nach drei Tagen" zwischen der Kreuzigung und den Erscheinungen des Auferstandenen gemeint sein?

27 *Sie (die Gruppe der Sadduzäer) ließen die Apostel ver-*
haften und in das öffentliche Gefängnis werfen. Ein En-
gel des Herrn aber öffnete nachts die Gefängnistore,
führte sie heraus und sagte: Geht, tretet im Tempel auf
und verkündet dem Volk alle Worte dieses Lebens!

(Apg 5,17–20)

Auch das neutestamentliche Volk Gottes weiß sich unter dem
Schutz der Engel. Wiederum ist es ein Sonderengel, „der Engel
des Herrn", der wie im Alten Testament eingreift und die Apostel aus dem Gefängnis befreit (vgl. Apg 12,1–11).
Für die Frühzeit ist bemerkenswert, daß die Trennung zwischen Juden und Christen wenigstens äußerlich noch nicht
vollzogen ist. Denn der Engel des Herrn gibt den Auftrag, im
Tempel von Jerusalem aufzutreten und dort dem Volk „alle
Worte dieses Lebens zu verkünden."

28 *Dort (in Troas) hatte Paulus in der Nacht eine Vision. Ein Mazedonier stand da und bat ihn: Komm herüber nach Mazedonien und hilf uns! ... Wir waren überzeugt, daß uns Gott dazu berufen hatte, dort (in Mazedonien, in Griechenland, in Europa) das Evangelium zu verkünden.*

(Apg 16,9–10)

Es war eine (schwer deutbare) Vision, die Paulus von Asien nach Europa führte. Verschiedene „Kulissen" bilden die Szene: Troas, eine Hafenstadt an der Küste des Ägäischen Meeres – in der Nacht – Vision – ein anonymer Mazedonier! Da ist nicht die Rede vom „Engel des Herrn", sondern von einem unbekannten Mazedonier, durch den Gottes Ruf an Paulus sich richtet und ihn mit dem Missionsüberschritt von Kleinasien nach Europa beauftragt. „Die Apostelgeschichte ist auch hier überzeugt, daß der Heilige Geist deutlich seine Führung spüren ließ" (Otto Kuss).

29 *Ich bin erstaunt, daß ihr euch so schnell von dem ab-*
wendet, der euch durch die Gnade Christi berufen hat,
und daß ihr euch einem anderen Evangelium zuwendet.
Doch es gibt kein anderes Evangelium, es gibt nur
einige Leute, die euch verwirren und die das Evange-
lium Christi verfälschen wollen. Wer euch aber ein an-
deres Evangelium verkündigt als wir euch verkündigt
haben, der sei verflucht, auch wenn wir selbst es wären
oder ein Engel vom Himmel.

(Gal 1,6–8)

In den Christengemeinden Galatiens ging es zuerst um das un-
verkürzte und unverfälschte Evangelium, gewiß auch um die
Legitimation des paulinischen Apostelamtes. Beide Anliegen
sind eng miteinander verbunden. Der Galaterbrief bietet
Kampftheologie. Er ist „wie keiner seiner Briefe von Zorn und
Leidenschaft durchglüht" (Alfred Wikenhauser). Selbst wenn
„ein Engel vom Himmel" käme und ein anderes Evangelium
verkündet, es bleibt allein die Botschaft des Paulus das eine und
wahre Evangelium. Was nützen noch so schön klingende
Worte und Versprechungen, die letztlich das Evangelium Christi billiger machen, verfälschen?
Paulus hat als gesetzestreuer Pharisäer (Apg 16,5) sehr genau
die alttestamentliche Engellehre gekannt. Er wußte daher, daß
es luziferische Anmaßung und Frechheit eines Engels wäre,
ohne Gottesauftrag ein anderes Evangelium zu verkünden als
er, der von Christus legitimierte Apostel. Sicherlich hat Paulus
auch gewußt um die pastorale Situation, nämlich um die
Schwäche und Anfälligkeit des Glaubens der Galater, seiner
Seelsorgskinder.
Es ist in den harten Auseinandersetzungen, die sich im Galaterbrief niedergeschlagen haben, aber auch möglich, daß Paulus von extremen Judenchristen, sogenannten „Judaisten", die

ebenfalls mit der alttestamentlichen Theologie und Exegese vertraut waren, angegriffen wurde. Durchaus in Augenhöhe mit dem Apostel erheben sie den Vorwurf keineswegs unproblematischer Eingriffe in den Wortlaut der Schriftzitate wie auch der Erstellung von Mischzitaten (Kombination eines Zitates aus verschiedenen biblischen Büchern).[16] Paulus war sich – im Rahmen der damaligen Exegese – durchaus bewußt, wie tiefgreifend seine Änderungen waren.

30 *Ich soll den Heiden als Evangelium den unergründ-*
lichen Reichtum Christi verkündigen und enthüllen, wie
jenes Geheimnis Wirklichkeit geworden ist, das von
Ewigkeit her in Gott, dem Schöpfer des Alls, verborgen
war. So sollen jetzt die Fürsten und Gewalten des himm-
lischen Bereichs durch die Kirche Kenntnis erhalten von
der vielfältigen Weisheit Gottes, nach seinem Plan, den
er durch Christus Jesus, unseren Herrn, ausgeführt hat.

(Eph 3,8–11)

Im Kolosserbrief findet sich ein christozentrischer Entwurf der
gesamten, sichtbaren wie unsichtbaren Schöpfung: „Er (Jesus
Christus) ist das Ebenbild des unsichtbaren Gottes, der Erstge-
borene der ganzen Schöpfung. Denn in ihm wurde alles erschaffen im Himmel und auf Erden, das Sichtbare und das Unsichtbare, Throne und Herrschaften, Mächte und Gewalten.
Alles ist durch ihn und auf ihn hin geschaffen ... in ihm hat alles Bestand" (Kol 1,15–17).

Wäre Christus (auch ohne die Sünde der Menschen) Bekrö-
nung des gesamten Universums gewesen? Paradox, kühn, un-
erwartet ist die Reaktion in der Intimsphäre Gottes: „... wo
die Sünde mächtig wurde, da ist die Gnade übergroß geworden" (Röm 5,20). Was in der göttlichen Tiefe geschah, das
war auch der himmlischen Schar der Engel unbekannt, löste
Staunen über Staunen aus. Wie aber wird sich der göttliche
Heils- und Erlösungsplan geschichtlich realisieren?

Jesus Christis ist der absolute, unerschöpfliche und unüber-
holbare Höhe- und Endpunkt der göttlichen Heilsinitiative
(Eph 1,9). „Es gibt kein anderes Mysterium Gottes außer
Christus" (Augustinus, Epistula 187,34). Henri de Lubac
(1896–1991) schreibt: „Das Leben Christi ist der bevorzugte
Platz des Mysteriums ... Den Sinn des Lebens Christi fassen,
heißt eindringen in die göttliche Wirklichkeit."

Welch einzigartig hohe Bedeutung und göttliche Autorisierung die Kirche und ihr Verkündigungsauftrag haben, kann daraus ermessen werden, daß die „Fürsten und Gewalten des himmlischen Bereichs durch die Kirche Kenntnis erhalten (sollen) von der vielfaltigen Weisheit Gottes, nach seinem Plan, den er durch Christus Jesus, unseren Herrn, ausgeführt hat".

An dieser Grenze des Denkens beginnt der Glaube zu verstehen: „Gottes Torheit ist weiser als die Menschen und Gottes Schwachheit ist stärker als die Menschen" (1 Kor 1,25). „Wie unerforschlich sind seine Ratschläge, wie unergründlich seine Wege!" (Röm 11,33).

31 *Viele Male und auf vielerlei Weise hat Gott einst zu den*
Vätern gesprochen und durch die Propheten; in dieser
Endzeit aber hat er zu uns gesprochen durch den Sohn,
den er zum Erben des Alls eingesetzt und durch den er
auch die Welt erschaffen hat; er ist der Abglanz seiner
Herrlichkeit und das Abbild seines Wesens; er trägt das
All durch sein machtvolles Wort, hat die Reinigung von
den Sünden bewirkt und sich dann zur Rechten der Ma-
jestät in der Höhe gesetzt; er ist um so viel erhabener
geworden als die Engel, wie der Name, den er geerbt
hat, ihren Namen überragt.

(Hebr 1,1–4)

Der um 68 oder erst gegen 90 n. Chr. niedergeschriebene Hebräerbrief ist wohlvertraut mit der jüdischen Liturgie wie auch
mit der griechischen Übersetzung des Alten Testaments, der
Septuaginta. Die Ouvertüre der ersten Verse ist ein theologisches Programm. Im Alten Testament hat Gott durch Menschen (Propheten), in Träumen und Visionen, durch Engel, be-
vorzugt durch „den Engel des Herrn" gesprochen.
In der angebrochenen Endzeit gibt es nur eine einzige sprechende Autorität, den Sohn. Er überragt alle bisherigen Sprecher, alle bisher von Gott gebrauchten Sprachvermittlungen.
Das mensch- und geschichtsgewordene „Wort" (Joh 1,14) setzt
die Wortgeschichte Gottes mit den Menschen fort. Es führt sie
auf einzigartige Höhe. Er vollendet sie.

32 *Nicht Engeln hat er (Gott) die künftige Welt unterworfen ... Er hat ihm (dem menschgewordenen Sohn) alles zu Füßen gelegt, nichts hat er von der Unterwerfung ausgenommen. Jetzt sehen wir noch nicht alles ihm zu Füßen gelegt; aber den, der nur für kurze Zeit unter die Engel erniedrigt war, Jesus, ihn sehen wir um seines Todesleidens willen mit Herrlichkeit und Ehre gekrönt; es war nämlich Gottes gnädiger Wille, daß er für alle den Tod erlitt. Denn es war angemessen, daß Gott, für den und durch den das All ist und der viele Söhne zur Herrlichkeit führen wollte, den Urheber ihres Heils durch Leiden vollendete.*

(Hebr 2,5.8–10)

In den letzten Jahrzehnten des apostolischen Jahrhunderts muß es in judenchristlichen Gemeinden nicht wenige Glaubensprobleme gegeben haben. So wurde durch eine starke Strömung der alttestamentlichen Engellehre die Frage aufgeworfen: Haben Engel im Neuen Testament, im christlichen Glauben ihre Bedeutung für Gott, für die Menschen, für den Kosmos verloren? Ihnen gegenüber wurde zugestanden, Jesus Christus sei „für kurze Zeit unter die Engel erniedrigt worden" (vgl. Phil 2,5–11).

Die christliche Argumentation lautete: Jesus Christus allein ist der Urheber des Lebens, der eine und einzige Mittler zwischen Gott und den Menschen, der eine und einzige Hohepriester des Neuen Bundes. Kein Engel habe eine vor Gott einklagbare Position.

33 *Vergeßt die Gastfreundschaft nicht; denn durch sie haben einige, ohne es zu ahnen, Engel beherbergt.*

(Hebr 13,2)

Die (mitunter unwissende) Beherbergung von Engeln dürfte sich auf Berichte des Alten Testaments beziehen: So besuchen „drei Männer" Abraham „bei den Eichen von Mamre", um dem alten Patriarchen anzukündigen, seine ebenfalls nicht mehr junge Sara werde einen Sohn bekommen (Gen 18). Abraham und der Autor erkennen Gott unter den Männern, die in der Kunst als drei Engel, die Dreifaltigkeit repräsentierend, dargestellt werden. Während Abraham mit „dem Herrn" noch über Sodoms Schicksal verhandelt, machen sich „die beiden Engel" auf den Weg dorthin und besuchen Lot, der seine Gäste gegen den „sodomitischen" Mob verteidigt und von ihnen beim Untergang der Stadt gerettet wird (Gen 19; vgl. zum Besuch von Engeln auch Ri 13, Tob 5–12).
Der Imperativ zur Gastfreundschaft ist alles andere als Illusion, als Bigotterie. Er hat für alle Zeiten Gültigkeit. Die Welt ist durchwohnt und belebt von Engeln, den Boten Gottes und Freunden der Menschen. Engel sind auch dann da, wenn wir sie nicht sehen. Unaufdringlich sprechen sie in unserem Gewissen. Sie freuen sich mit uns an der Musik. Sie beleben und vertiefen Freundschaft und Liebe. Versuchen wir es doch – dieses Ernstnehmen der Engel!

34 *Und ich sah: Sieben Engel standen vor Gott; ihnen wurden sieben Posaunen gegeben. Und ein anderer Engel kam und trat mit einer goldenen Räucherpfanne an den Altar; ihm wurde viel Weihrauch gegeben, den er auf dem goldenen Altar vor dem Thron verbrennen sollte, um so die Gebete aller Heiligen vor Gott zu bringen. Aus der Hand des Engels stieg der Weihrauch mit den Gebeten der Heiligen zu Gott empor.*

(Offb 8,2–4)

Kein Buch des Alten Testaments wie auch des Neuen Testaments schreibt öfter, tiefer und wesentlicher über die Existenz und Wirksamkeit der Engel wie die Geheime Offenbarung des Johannes, auch Apokalypse genannt. Die Wortstatistik belegt, daß sich in der Geheimen Offenbarung das Stichwort „Engel" 67mal findet. Es handelt sich dabei meist nicht um Einzelengel, sondern um Engelgruppen mit ganz bestimmten Aufträgen, sehr häufig um nicht zählbare Engelscharen.

Weithin ist das himmlische Zeremoniell bestimmt von der jüdischen Tempelliturgie in Jerusalem: Posaune – wichtiges und für unterschiedliche Stöße verwendetes Blasinstrument –, Altar, Räucheraltar, Räucherpfanne – Erinnerung an den Rauchopferaltar im Tempel von Jerusalem. Das „neue", himmlische Jerusalem ist für viele Christen der damaligen Zeit nicht vorstellbar ohne die Erinnerung an den Tempel von Jerusalem, der im Jahr 70 n. Chr. unter Titus zerstört wurde.

Die vorliegende Textpassage läßt die zentrale, wichtigste und schönste Aufgabe und Zielsetzung der Engel erleben: das Zusammenklingen der irdischen Liturgie mit der Liturgie der himmlischen Geister zum gemeinsamen – unisono angestimmten – gloria trinitatis.

35 *Da entbrannte im Himmel ein Kampf; Michael und seine Engel erhoben sich, um mit dem Drachen zu kämpfen. Der Drache und seine Engel kämpften, aber sie konnten sich nicht halten und sie verloren ihren Platz im Himmel. Er wurde gestürzt, der große Drache, die alte Schlange, der Teufel oder Satan heißt und die ganze Welt verführt; der Drache wurde auf die Erde gestürzt und mit ihm wurden seine Engel hinabgeworfen.*

(Offb 12,7–9)

Im letzten Buch der Bibel, der johanneischen Apokalypse, wird berichtet, was im ersten Buch der Bibel, im Buch Genesis (Gen 3,1–19), als bekannt vorausgesetzt wird. Im alttestamentlichen Sündenfall-Bericht wird nur von „der Schlange", mit keinem Wort aber vom Teufel geschrieben. Die Geheime Offenbarung des Johannes greift das Wort „die alte Schlange" auf und vertieft es mit den Deutungsworten „der große Drache ... der Teufel oder Satan."

Es ist durchaus offen, ob man im Namen „Michael" einen Hinweis sehen kann, der Aufstand der Engel sei ein massiver Protest gegen Gott, gegen Gottes Pläne der Schöpfung und der Erlösung gewesen (Menschwerdung des Gottessohnes oder Maria, die Gottesmutter: Offb 12,1–6).

Eindeutig ist jedoch die Auskunft der Bibel: Gott hat nicht das Böse, den Bösen, den Satan und die Vielzahl der Teufel erschaffen. Es muß über eine äußerst schwerwiegende Frage zur Scheidung der Geister gekommen sein – in gottgetreue Engel und in abgefallene Engel. Erst in späterer Zeit, vor allem in der Apokryphen-Literatur, ist mit der Entfaltung und Vertiefung der biblischen Engellehre die Frage der „ewigen" Hölle, des ewigen Scheiterns in die Diskussion geraten und bis heute lebendig geblieben.

Die Engellehre der Apokryphen

Zunächst eine Erklärung des Wortes „Apokryphen".[17] Das aus dem Griechischen kommende Wort bedeutet „verborgen". Es handelt sich um Handschriften, gefertigt aus Leder, Papyrus, oder auch beschriebene Tonscherben (ostraka), die Jahrhunderte, sogar Jahrtausende in schwer zugänglichen Höhlen, unter eingestürztem Mauerwerk oder tief unter dem trockenen Wüstensand verborgen waren. Nicht selten wurden sie durch Zufall oder Finderglück entdeckt. Es brauchte viele Mühe wie die Entwicklung neuer Techniken, das oft brüchig gewordene Material der Handschriften-Funde zu sichern, lesbar zu machen und trotz Fehlens von Buchstaben oder Satzteilen zu entziffern.

Diese Handschriften mußten versteckt werden, weil sie durch eine Instanz des Judentums oder des Christentums oder durch die politische Instanz der Kaiser oder Landesfürsten auf den „Index verbotener Schriften" gesetzt waren. Im Judentum gab es auf der rabbinischen Synode von Jamnia um 90 n. Chr. Entscheidungen über den Umfang des Alten Testamentes. Ähnliche Entscheidungen über den Umfang des Neuen Testamentes gab es im Christentum von der Mitte des zweiten Jahrhunderts an. Was nicht auf dem Kanon der offiziellen Bücherliste stand, wurde als glaubensfeindlich und als die Einheit der Kirche störend erklärt. Es paßte nicht mehr in die religiöse bzw. politische Landschaft.

Nicht wenige religiöse Gruppierungen haben trotz Verboten apokryphe Handschriften aufbewahrt, gehortet. Sie wurden mit heißem Herzen gelesen, denn sie gaben Antwort auf Fragen, die in der kirchenoffiziellen Bibel nicht oder nur wie in einem Nebensatz behandelt worden sind. Apokryphen waren die damalige „Bildzeitung" des kleinen Mannes, dessen Glaube anschauliche

Erzählungen brauchte. In den Apokryphen wurde erzählt, weiter und ausführlicher erzählt, was in der Bibel nicht stand.

Man muß es den Verfassern bzw. dem Verfasserteam bestätigen; sie kannten die Herzenswünsche vieler einfacher, nichtakademischer Christen. Sie gaben den Vätern und Müttern in die Hand, was sie als biblische Geschichte an ihre Kinder weitergaben. Die Autoren der Apokryphen haben in geschickter, leicht einprägsamer und bilderreicher Fabulierkunst erzählt und weitererzählt, geschrieben und weitergeschrieben. Sie schufen ein sicheres geschichtliches und geographisches Umfeld. Sie boten ausführliche Personenbeschreibungen. Sie leuchteten Motive und Ereignisse psychologisch aus. Apokryphen wurden zur Geheimlektüre, die mit pochendem Herzen verschlungen wurden.

Acht apokryphe Textbeispiele seien vorgelegt – vier aus dem Umfeld des Alten Testaments, vier aus dem Umfeld des Neuen Testaments.

Texte aus dem Umfeld des Neuen Testaments

Erschaffung der Engel am ersten Schöpfungstag

Der Angesichtsengel sprach nach dem Wort des Herrn zu Mose: Schreibe auf die ganze Geschichte der Schöpfung, wie Gott, der Herr, am sechsten Tag alle seine Werke und Schöpfungen vollendete, – wie er selbst den Sabbat hielt, ihn für alle Ewigkeit heiligte und ihn zum (Vollendungs-)Zeichen aller seiner Werke machte. Am ersten Tag schuf er die Himmel oben, die Erde und die Wasser und alle Geister, die vor ihm dienen.

Die Engel des Angesichts und die Engel der Heiligung,
ferner die Engel des Feuergeistes und die Engel des
Windgeistes, die Engel des Wolkengeistes, der Finster-
nis, des Schnees und des Reifs, die Engel der Stimmen,
des Donners und des Blitzes, die Engel der Geister der
Kälte und der Hitze, des Winters, des Frühlings, der
Erntezeit und des Sommers, und aller Geister seiner
Werke in den Himmeln und auf Erden, in den Abgrün-
den und der Finsternis, des Abends, des Lichtes, der
Morgenröte und des Morgens – alles, was er (Gott) mit
dem Wissen seines Herzens bereitet hat.
Damals sahen wir seine Werke, wir priesen und lobsan-
gen vor ihm wegen aller seiner Taten, denn sieben
große Werke schuf er am ersten Tag.

(Jubiläenbuch 2,1–3)

Im apokryphen Jubiläenbuch, abgefaßt im dritten vorchristlichen Jahrhundert, wurde aus der Spätsicht des jüdischen Glaubens auf die Frage, die im offiziellen ersten Buch Mose (= Genesis) mit keinem einzigen Wort gestellt wurde, aufgegriffen:
Wann, an welchem der sechs Schöpfungstage wurden die Engel
erschaffen?
Im Jubiläenbuch wird die Antwort gegeben: „am ersten Tag".
Bemerkenswert sind die genauen Engelnamen, die mit Aufgaben und Tätigkeiten im erschaffenen Universum zu tun haben. Das Universum ist nicht leer. Es ist von Engeln bewohnt.
Es ist von Engeln instrumentiert. Morgenröte wie Abendrot,
Regen oder Schnee, Blitz und Donner haben mit Aktivitäten
des jeweils zuständigen und von Gott beauftragten Engels zu
tun.
Im Anschluß an dieses Weltbild wurden auf mittelalterlichen
Landkarten in die vier Ecken Blasengel eingezeichnet.

Die Zwei-Geister-Lehre

*Er (Gott) schuf das Menschengeschlecht, damit es über
die Welt regieren möge, und bestimmte ihm zwei Geister,
deren Wege sie gehen sollen bis zur Zeit, die Er für Seine
Prüfung festgelegt hat. Es sind die Geister der Wahrheit
und der Lüge. Aufrechter Charakter und Schicksal haben
ihren Ursprung in der Wohnung des Lichts; umgekehrt,
im Brunnen der Finsternis. Die Macht des Fürsten des
Lichts erstreckt sich auf die Herrschaft über alle recht-
schaffenen Menschen; daher gehen sie die Wege des
Lichts. Entsprechend umfaßt die Macht des Engels der
Finsternis die Herrschaft über alle gottlosen Menschen;
daher beschreiten sie die Wege der Finsternis.*

(Gemeinderegel – 1 QS 3,17–26)

In der Essenergemeinschaft von Qumran (am Westufer des Toten Meeres) war die Herkunft des Bösen eine quälende Frage.
Sie ist daher auch im Grundgesetz dieser Gemeinschaft behandelt: Der sogenannte „Sektenkanon", auch als „Gemeinderе-
gel" bezeichnet, hat die klare Antwort gegeben. Die Handschrift der Gemeinderegel wurde um 100 v. Chr. niedergeschrieben. Ihre klare Antwort lautete: Gott selbst hat zwei Geister (Engel), den Geist der Wahrheit und den Geist der Lüge,
bestimmt, die Menschen zu begleiten. Als Zeitabschnitt dieser
Begleitung wird angegeben: „bis zur Zeit, die Er für Seine Prüfung festgelegt hat". Bei dieser Prüfung handelt es sich um das
Verbot, vom Baum der Erkenntnis von Gut und Böse zu essen
(Gen 2,16–17).

Die gemeinsame Liturgie

*Ein Text des Lehrmeisters. Das Lied begleitet das Opfer
am siebten Sabbat, gesungen am sechzehnten des
(zweiten) Monats.*

Gelobt sei der allerhöchste Gott, ihr, die ihr erhöht seid
unter all den weisen göttlichen Wesen.
Laßt jene, die heilig sind unter den Gottähnlichen, den
herrlichen König heiligen. Er, der bei Seiner Heiligkeit
jeden Seiner Heiligen heiligt ...
Singt Lobpreis dem mächtigen Gott, bietet das auserle-
senste geistige Opfer; macht eine Melodie aus der Freude
Gottes heraus und erfreut euch unter den Heiligen an
wunderbaren Melodien in ewigwährender Freude ...
Die allerheiligsten Geister, lebenden Gottheiten, ewigen
Geister über all den Heiligen ... wunderbar und wun-
dervoll, Herrlichkeit und Pracht und Wunder. Ruhm
wohnt im vervollkommenten Licht der Erkenntnis ... in
all den wunderbaren Tempeln, göttliche Geister umrin-
gen den Wohnsitz des gerechten und wahren Königs.
(Lieder zum Sabbatopfer – 4 Q 403)

In der Qumran-Gemeinschaft kam – neben den Bußtaufen –
dem Gebet und den liturgischen Gesängen eine herausragende
Bedeutung zu, nicht zuletzt die der Selbstbestätigung. Es gab
genaue Listen, nach denen die verschiedenen Gruppen an bestimmten Tagen und Stunden ihren Dienst zu verrichten hatten. Die Festzeiten der Essener wurden nicht nach dem sonst
üblichen Mondkalender, sondern auf Grund des Sonnenkalen-
ders errechnet.

Die Handschrift der Sabbatlieder 4 Q 403 entstand zwischen
75 und 50 v. Chr. Es war Ehre und Stolz der Qumran-Ge-
meinde, ihr irdisches Beten und Singen im harmonischen
Gleichklang mit allen himmlischen Engelchören zu wissen.
Gerade in diesem von Gott angenommenen Gleichklang
erblickten die Essener die Glaubwürdigkeit ihres Lebens und
auch eine Bestätigung ihrer Ablehnung des Tempeldienstes in
Jerusalem.

Lebensweisheit

Mit fünf Jahren soll man die Heilige Schrift lesen,
mit zehn die Mischna,
mit dreizehn die Gebote erfüllen,
mit fünfzehn den Talmud studieren,
mit achtzehn heiraten.
Mit zwanzig Jahren ist man verantwortlich;
mit dreißig erhält man die Vollkraft,
mit vierzig den Verstand,
mit fünfzig die Gabe des Rates,
mit sechzig beginnt das Alter;
mit siebzig wird man ein Greis;
mit achtzig erreicht man das hohe Alter;
mit neunzig ist man abgelegt.
Der hundertjährige ist gleichsam tot,
schon hinübergegangen und der Welt entflohen.

(Sprüche der Väter 5,24)

In einer Sammlung wurden über den Zeitraum eines halben Jahrtausends richtungweisende Worte der großen politischen und weisheitlichen „Väter" des Volkes Israel gesammelt. Sie sollten der jungen Generation Orientierung und Lebensfreude aus der eigenen Geschichte vermitteln.

Diese Leitworte sollten in einer sich verändernden Welt – sei es gelegen oder ungelegen – den Halt der Glaubens- und Bundestreue schenken. Gleichzeitig sollten sie auch Impulse sein, in schöpferischer Identität den Weg in eine gute Zukunft mit Gott zu gehen.

Diese Leitworte sind eine Kostbarkeit tiefer Menschenerfahrung, die lebt und denkt und entscheidet aus bewährter Gotteserfahrung.

Die „Sprüche der Väter" sind ein Kompendium von Lebensweisheit, die in der Zeitspanne vom dritten vorchristlichen bis zum dritten nachchristlichen Jahrhundert gesammelt worden ist. Einer der großen Sammler war Rabbi Juda († 219), der Autor des zitierten Textes.

Texte aus dem Umfeld des Neuen Testaments

Kosmische Ereignisse bei der Geburt Jesu

Ich aber, Joseph, da ich umherging, blieb auf einmal stehen. Ich blickte hinauf in die Luft und sah die Luft erstarrt. Ich blickte empor zum Himmelsgewölbe und sah es stillstehen und die Vögel unbeweglich in ihrem Fluge.

Ich schaute auf den Boden, sah einen Backtrog und Arbeiter nach vorn geneigt, die Hände im Backtrog: Denn jene, die kneteten, hatten mit dem Kneten aufgehört, jene, die den Teig rührten, hatten mit dem Rühren aufgehört, jene, die ihn zum Munde führen wollten, brachten ihn nicht zum Munde, und alle blickten nach oben. Und siehe, Schafe, die des Weges zogen, kamen nicht vorwärts. Der Hirte, der seinen Stab erhoben hatte, um sie zu schlagen, blieb mit der Hand in der Luft. Als ich auf den Fluß schaute, sah ich Böcke beim Trinken, denen das Maul offen blieb und die nicht mehr tranken. Dann aber nahm auf einmal alles wieder seinen Lauf.

(Jakobusevangelium 18,2)

Im ganzen Neuen Testament ist kein einziges Wort des Joseph überliefert. Im apokryphen Jakobusevangelium, um 150 n. Chr. aufgezeichnet, ist Joseph der ausgezeichnete und plastisch erzählende Berichterstatter, der in Ichform die kosmischen Ereignisse in der Geburtnacht Jesu erzählt. Von dieser kosmischen Stille (18,2) haben die Kindheitserzählungen des Matthäus- wie des Lukasevangeliums keine Zeile überliefert.

Die Uhr der Weltgeschichte zeigt „die Fülle der Zeit" (Gal 4,4; Eph 1,10) an. Es erfüllt sich die Hoffnung der ganzen Schöpfung, „teilzunehmen an der herrlichen Freiheit der Kinder Gottes" (Röm 8,21). Es ist eine Stille des großen, weltweiten Staunens: So liebt und erlöst Gott mit den Menschen das ganze Universum.

Erstbegegnung Jesu mit den beiden Schächern

Als sie (Joseph und Maria) von dort weiterzogen, gelangten sie in eine Einöde und erfuhren, daß diese Gegend unsicher sei. Joseph und die allerseligste Maria beschlossen, sie während der Nacht zu durchqueren. Als sie weiterzogen, trafen sie auf zwei schlafende Räuber. Bei ihnen befand sich eine ganze Bande weiterer Räuber, ihre Gefährten, die gleichfalls schliefen. Die beiden Räuber, denen sie begegneten, waren Titus und Dumachus. Titus sprach zu Dumachus: „Gib diesen Leuten den Weg frei, damit sie vorbeiziehen können und unsere Gefährten sie nicht bemerken!" Dumachus wollte davon nichts wissen. Titus sprach zu ihm: „Ich gebe dir vierzig Drachmen, und nimm dies als Pfand!" Dann reichte er ihm den Gürtel, den er um seine Lenden trug, um ihn zu bewegen zu schweigen und kein Wort zu sagen.

Als unsere liebe Frau, die allerseligste Maria, bemerkte, wie edel sich dieser Räuber ihnen gegenüber verhalten hatte, sprach sie zu ihm: „Gott der Herr wird dich zu seiner Rechten behüten und dir die Verzeihung deiner Sünden gewähren." Da ergriff der Herr Jesus das Wort und sprach zu seiner Mutter: „O Mutter, in dreißig Jah-

ren werden die Juden in der Stadt Jerusalem mich ans Kreuz schlagen. Mit mir werden sie diese beiden Räuber kreuzigen, Titus zu meiner Rechten, Dumachus zu meiner Linken. Nach diesem Tage wird mir Titus ins Paradies vorausgehen." Sie antwortete ihm: *„Möge dir das erspart bleiben, mein Sohn!*

(Arabisches Kindheitsevangelium 23,1–2)

Dieser apokryphe Text ist Anschauungsmaterial par excellence. Es handelt sich um eine Textpassage aus dem Arabischen Kindheitsevangelium, das im 6. Jahrhundert wohl in Syrien aufgezeichnet wurde. Man spürt überdeutlich die Zeitspanne von einem halben Jahrtausend zwischen dem Bericht und dem historischen Geschehen.

Die schlichte Darstellung der Flucht nach Ägypten (Mt 2,13–23) ist angereichert mit Hoheitstiteln und Formulierungen, die deutliche Spuren der christologischen und auch der mariologischen Dogmenentwicklung des vierten Jahrhunderts aufweisen.

In der Formulierung „der Herr Jesus" ist die Präzisierung des griechischen Hoheitstitels „kyrios" (= Herr) zu erkennen. Nicht zu überhören ist die starke Betonung des Vorauswissens des Jesuskindes. Dieses Jesuskind erkennt und spricht aus, was 30 Jahre später bei der Kreuzigung mit den beiden Schächern Ereignis werden wird. Um die geschichtliche Glaubwürdigkeit noch zu stärken, werden die Namen der beiden Schächer – Titus und Dumachus – genannt, die in den neutestamentlichen Evangelien fehlen.

Die Formulierung „die allerseligste Maria" läßt hörbar das Echo der Formulierung des Konzils von Ephesus 431 vernehmen. Ein Paradebeispiel apokrypher Textgestaltung!

Der Tod Josephs

Meine Mutter, die reine Jungfrau (so erzählte Jesus), erhob sich, trat an mich heran und sprach zu mir: „Mein lieber Sohn, so muß er also sterben, der fromme alte Joseph!" Ich sagte ihr: „O meine geliebte Mutter, alle in dieser Welt geborenen Geschöpfe müssen sterben, denn der Tod ist dem ganzen Menschengeschlecht auferlegt. Du selbst, o Jungfrau, meine Mutter, mußt sterben wie alle Menschen. Doch wie der Tod dieses frommen Greises wird euer Tod kein Tod sein, sondern ein Leben, das fortdauert in alle Ewigkeit. Auch ich muß in diesem Leibe sterben, den ich von euch empfangen habe. Doch erhebt euch, o meine Mutter, du Allerreinste; kommt herein zu Joseph, dem gesegneten Alten, um zu sehen, was sich während seiner Himmelfahrt ereignen wird."

Er stöhnte sehr. Ich hielt ihm abwechselnd die Hände und die Füße, während er mich anschaute und mir andeutete, ich möge ihn nicht verlassen. Ich legte meine Hand auf sein Herz und erkannte, daß seine Seele schon nahe dem Hals war und sich anschickte, vom Leibe zu scheiden ...

Ich blickte nach Süden und sah den Tod heranrücken, gefolgt von der Hölle und seinem Gefolge sowie seinen Dienern. Ihre Gewänder, ihre Gesichter, ihre Münder verbreiteten Feuer um sich.

Als mein Vater Joseph sah, wie sie auf ihn zukamen, füllten sich seine Augen mit Tränen. In diesem Augenblick stöhnte er heftig. Ich bemerkte sein tiefes Seufzen.

Daher drängte ich den Tod zurück und alle Diener in seinem Gefolge, dann rief ich meinen (göttlichen) Vater und sprach zu ihm: „O Herr, du Allgnädiger, Auge, das sieht, Ohr, das hört, vernimm meinen Ruf und meine Bitte für den greisen Joseph. Sende Michael, den obersten deiner

Engel, und Gabriel, den Boten des Lichts, und alle Heer-
scharen deiner Engel und ihre Chöre, damit sie die Seele
meines Vaters Joseph geleiten und sie zu dir bringen.
Jetzt ist die Stunde, wo mein Vater der Barmherzigkeit
bedarf. Ich sage dir, daß alle Heiligen und alle Men-
schen, die in dieser Welt geboren werden, Gerechte oder
Sünder, unweigerlich den Tod erfahren müssen."
Michael und Gabriel kamen dann zur Seele meines Va-
ters Joseph. Sie nahmen sie in Besitz und hüllten sie in
ein leuchtendes Leinentuch. In den Händen meines gu-
ten Vaters, der ihm das Heil des Friedens schenkte, gab
er den Geist auf.
Keines der Kinder (Josephs) bemerkte, daß er gestorben
war. Die Engel behüteten seine Seele vor den Geistern
der Finsternis, die den Weg säumten.
Die Engel aber priesen Gott, bis sie ihn in die Wohnung
der Gerechten geleitet hatten.

(Geschichte Josephs, des Zimmermanns 12)

Das Leben Josephs muß von Anfang an die Christen interessiert
haben. Was über ihn in den neutestamentlichen Evangelien zu
lesen war und die Tatsache, daß mit Beginn des öffentlichen
Wirkens Jesu Joseph plötzlich von der Bildfläche verschwindet,
war den Menschen zu wenig. Es waren nur Bruchstücke einer
stillen, aber großen Biographie.
Eine wohl erste Sammlung von Josephsüberlieferungen stellt das
apokryphe Jakobusevangelium dar, entstanden um 150 n. Chr.
Darin ist zu lesen, Joseph war verheiratet, habe Kinder gehabt
und habe nach dem Tod seiner ersten Frau als Witwer Maria zu
sich genommen.
Im 6./7. Jahrhundert wurde die koptische „Geschichte Josephs, des Zimmermanns" erarbeitet, eine Spätlese weiterer
Josephsgeschichten. Um dieser Spätapokryphe Glaubwürdig-

keit zu verleihen, ist darin vermerkt, Jesus selbst habe den Aposteln vom Tod Josephs erzählt. Die Apostel wiederum hätten diese Erzählungen aufgeschrieben, die dann in der Bibliothek in Jerusalem aufbewahrt wurden.

Im zweiten Teil dieser Spätapokryphe wird in breiter Anschaulichkeit das Sterben Josephs geschildert. Jesus selbst ist der Berichterstatter. Daher der Beginn: „Meine Mutter ..." Vorliegende Textpassage ist deshalb einzigartig und überaus bemerkenswert, weil darin das damalige Verständnis des Sterbens, die damalige Personalisierung des Todes wie auch das Geleit der Seele Josephs durch Michael und Gabriel, die namentlich genannt werden, in die „Wohnung der Gerechten" festgehalten ist.

Begräbnis und Auferweckung Marias

Die Apostel trugen den Leichnam Marias und kamen in das Tal Josaphat, das der Herr ihnen angegeben hatte. Sie legten ihn in eine neue Grabstätte und verschlossen sie. Dann setzten sie sich davor, wie Gott ihnen geheißen hatte. Plötzlich erschien der Herr Jesus mit einem zahllosen Heer von Engeln, die in hellem Glanz leuchteten. Er sprach zu den Aposteln: „Der Herr sei mit euch." Sie antworteten: „Herr, deine Barmherzigkeit senke sich über uns herab, die wir auf dich gehofft haben." Da sprach der Herr zu ihnen: „Vor der Auffahrt zu meinem Vater habe ich euch, die ihr mir gefolgt seid, verheißen, daß ihr auf den zwölf Thronen sitzen und über die zwölf Stämme Israels richten werdet, sobald der Menschensohn den Thron seiner Herrlichkeit eingenommen hat. Meines Vaters Wille hat Maria auserwählt unter den Stämmen Israels, daß ich in ihr wohne. Was wollt ihr, daß mit ihr geschehen soll? Petrus und die übrigen Apostel spra-

chen: „*Herr, deine unbefleckte Magd hast du als deine Wohnung auserwählt. Uns, deine Diener, hast du auserwählt, dein Wort zu verkünden ... Deine Diener halten es für richtig, daß du, wie du nach Besiegung des Todes im Himmel herrschst, auch den Leib Marias auferweckst und sie, die Freudenvolle, in den Himmel führst ...*"

Da sprach der Erlöser: „Es geschehe nach euren Worten", gebot dem Erzengel Michael, die heilige Seele Marias zu bringen. Sogleich entfernte der Erzengel Gabriel den Stein, der das Grab verschloß. Der Herr sprach: „Erhebe dich, meine Freundin! Du hast nicht den Mann berührt und so die Verderbnis gekostet. Daher wird auch die Verwesung des Leibes im Grabe nicht über dich kommen." Da erhob sich Maria und pries den Herrn. Sie fiel ihm zu Füßen, betete ihn an und sprach: „Ich kann dir nicht den gebührenden Dank sagen, o Herr, wie es die Wohltaten verlangen, die du deiner Magd zu erweisen geruhst. Erlöser der Welt, Gott Israels, gepriesen sei dein Name in Ewigkeit."

(Transitus Mariae, Kap. XVI u. XVII)

Tod und Begräbnis der hochverehrten Seniorin Maria, der sich der Apostel Johannes (Joh 19,25–27) angenommen hatte, waren von Anfang an eine überaus kostbare Erinnerung der Christenheit. Festgehalten wurde in der judenchristlichen Überlieferung Palästinas das sanfte Hinübersterben Marias und ihr Begräbnis im Tal Josaphat bei Jerusalem.

Das „Buch vom Heimgang der allerseligsten Jungfrau, der Mutter Gottes" (Transitus Mariae) hat seine Endfassung im vierten oder fünften Jahrhundert erhalten. Deutlich klingen darin Formulierungen wie „allerseligste Jungfrau" oder „Mutter Gottes" durch, die auf dem Konzil von Chalkedon im Jahre 451 erarbeitet und verkündet worden sind.

Fragen und Antworten

Nur in Andeutungen und Bruchstücken ist in der Bibel die Engellehre grundgelegt – eine Engellehre im Werden, herausgewachsen aus einem Wurzelstock, dessen Ansätze sichtbar sind, aber sich noch nicht zur vollen Pracht entfaltet haben. Viele Fragen sind offen geblieben. Viele Zusammenhänge sind nicht erstellt. Es fehlt eine logische Systematik. Ohne Zweifel gehört die Engellehre zur Botschaft der Bibel. Wie ein deutlich erkennbarer „roter Faden" ist die Engellehre in den vielfarbigen Teppich der Offenbarung Gottes eingewoben.[18]

Im Umfeld des Neuen Testaments wurden auch außerbiblisch-jüdische Legendenüberlieferungen aufgezeichnet, die etwa vom Streit zwischen Michael und dem Teufel über die Leiche des Mose berichten. Im Brief des Judas (Vers 9) heißt es: „Als der Erzengel Michael mit dem Teufel rechtete und über den Leichnam des Mose stritt, wagte er nicht, den Teufel zu lästern und zu verurteilen."

Neben den christlichen Fundamentalthemen der Christologie und der Trinität, der Mariologie, der Botschaft und den Sakramenten Jesu und schließlich der Eschatologie hatte die Engellehre immer Platz ebenso in der hohen Theologie wie im Glauben des einfachen Volkes. Neben den mächtigen und dominierenden Klängen der christlichen Fundamentalthemen hört sich die Engellehre wie eine liebliche Hirtenflöte an.

Es war im christlichen Glauben und Leben immer wieder ein Suchen lebendig, das die Engellehre in Bewegung hielt. Es war auch spitzfindige und pfiffige Neugierde dabei, gleichsam über die Schultern Gottes zu schauen, um mehr über die Engel zu erfahren. Man wollte es genau, ganz genau wissen bis hin zu der Frage: Wieviele Engel haben auf einer Nadelspitze Platz? Es hat eine glaubensgeschichtiche Suchbewegung mit Höhen und Tiefen, mit Ernstem und Komischem, mit Explosion und Verwerfung, Boom und Protest gegeben.

Die Diskussionen über Existenz und Wirksamkeit der Engel haben sich deshalb gebildet, weil die biblische Engellehre große Freiräume besitzt, die offen und einladend sind für klärende und vertiefende Entfaltungen und begriffliche Präzisionen. Stimulierend und in mannigfachen Formen und Schattierungen war es die Gnosis – mit ihrem Gut-Böse-, mit ihrem Geist-Materie-Dualismus –, die die christliche Engellehre positiv wie negativ in Bewegung hielt. Die Engel stehen gleichsam auf der Kante, auf dem Grat des Sichtbar-Unsichtbaren. In ihrer Sichtbarwerdung und Materialisierung wird Unsichtbares sichtbar, betastbar. In den teilweise heftigen Debatten hat sich die Einsicht gefestigt: Man müßte wesentliche Abschnitte im Alten wie im Neuen Testament streichen, wollte man die Engellehre in der Verkündigung der Predigt, im Religionsunterricht wie in Glaubensseminaren langsam ausklingen und schließlich ohne Echo verklingen lassen.

Hartnäckig stellten sich Fragen über Fragen, die durch die Bibel nicht beantwortet wurden. Nicht beantwortete Fragen wurden immer härter gestellt. Sie wurden da und dort von Visionären und Mystikern beantwortet, die Zulauf und Applaus erhielten, von der kirchlichen Entscheidungsinstanz jedoch verworfen wurden. Immer neu stellten sich die ungelösten Fragen:

– Wann wurden die Engel erschaffen?
– Gibt es ein Sterben der Engel?
– Gibt es die Erschaffung neuer Engel?
– Werden Engel alt oder bleiben sie in ewiger Jugendlichkeit?

– Sind Engel maskuline oder feminine Wesen oder gar geschlechtslose Eunuchen?

– Kommt den Engeln Allgegenwart und Allwissenheit wie Gott zu oder sind sie als Geschöpfe zeit- und ortsgebunden?

– Wie groß ist die Zahl der Engel? Jesus sprach am Ölberg von zwölf Legionen (= 72.000) Engeln, die ihm der himmlische Vater schicken könnte (Mt 26,53).

– Hat der Schutzengel nur den Schutz eines einzigen Menschen zu übernehmen und stirbt er, wenn diese Aufgabe erledigt ist? Bekommt er eine andere Aufgabe oder wird er einem anderen Menschen zugeteilt?

– Gibt es auch Schutzengel ganzer Völker?

– Hat jeder Engel einen Namen?

– Ist die Vielzahl der Engel in Rangordnungen und in Kompanien für Spezialarbeiten und -aufträge eingeteilt?

Aus verschiedenen Völkern, Sprachen und Kulturen werden an die christliche Botschaft über die Engel immer neue Fragen gestellt. Manches Bibelwort über Engel ist selbst für Christen eine Überraschung, wenn es etwa im Epheserbrief heißt: Die Engel sind über den Heilsplan Gottes nicht voll informiert. Vielmehr sollen sie über das Heils- und Erlösungsmysterium und über die mannigfache Weisheit Gottes „durch die Kirche Kenntnis erhalten" (Eph 3,10).

Vom Einzelsatz zur Systematik

Es gibt Wirklichkeiten, die man – weil sie menschliches Denken überschreiten – nicht sezieren, nicht analysieren, nicht in überholbare Begriffe einzwängen soll. Es gibt Wirklichkeiten, die man stehenlassen und nur in meditierender Dankbarkeit umschreiten soll.

93

Es war ein durchaus zu respektierendes Anliegen, für das kate-
chetische wie pastorale Motive sprechen, die Einzelaussagen
über Engel, die über das Alte und Neue Testament verstreut
sind, zu einem einheitlichen Entwurf einer Engellehre (Angelologie) zusammenzufassen und sie zum Strahlen in der Theologie, in der Liturgie, in der Volksfrömmigkeit zu bringen.
Im abendländischen Raum wurde versucht, griechische Denk-
ansätze mit biblischen Aussagen zu verbinden. Es waren Einzelchristen und monastische Gemeinschaften, die an dem En-
gelprojekt arbeiteten. Sie haben dieses mit ihren Gebeten
unterstützt. Aus Anleihen aus der griechischen und römischen
Antike glaubte man, der Siebenzahl der Planeten sei die Siebenzahl von Engeln zugeordnet. Auch im Judentum war die
Zahl 7 eine heilige Zahl – die heilige Zahl der Ruhe Gottes nach
dem Schöpfungsbericht (Gen 2,3), die heilige Zahl des Ruheta-
ges der Menschen, des Sabbats (Ex 16,23–26), und der Engel
(Tob 12,15).

Saturn	–	Oriphiel
Jupiter	–	Zachariel
Mars	–	Zamael
Venus	–	Anael
Merkur	–	Raphael
Mond	–	Gabriel
Sonne	–	Michael

Aus der Bündelung biblischer Bezeichnungen für Engel und En-
gelgruppierungen bzw. Engelchöre ergab sich eine Neunzahl:

1. Engel
2. Erzengel
3. Kräfte
4. Mächte

5. Fürstentümer

6. Herrschaften

7. Throne

8. Cherubim

9. Seraphim

Unermüdliche, Jahrhunderte übergreifende Vorarbeiten, die keineswegs koordiniert waren, wurden mit harter Begrifflichkeit wie auch in stiller Meditation unter dem Mitwirken des Heiligen Geistes, des Weggeleiters in alle Wahrheit (Joh 16,12–13), geleistet von Irenäus von Lyon († 202), von Cyrill von Jerusalem († 386), von Johannes Chrysostomus (354–407), von Pseudo-Dionysius Areopagita (Apg 17,34) – hinter dem Pseudonym dürfte Severus von Antiochien († 538) stehen –, von Papst Gregor dem Großen (590–604) und gewiß auch in ihren mystischen Schauungen von Hildegard von Bingen (1098–1179).

Es erschien wie ein Geschenk des Himmel und wie die Erfüllung theologischer wie mystischer Träume, in der Grundstruktur der Dreifaltigkeit Fundament und Kriterium der Engelübersicht wie die Engellehre zu sehen.

Gott – Vater	Seraphim Cherubim Throne (= Ofanim)
Gott – Sohn	Herrschaften Mächte Kräfte
Gott – Hl. Geist	Fürstentümer Erzengel Engel

Wie das Reden über Gott in Wort und Begriff an Grenzen stößt und die Sprachgrenze erkennen läßt, so sollte auch das Reden, Schreiben und Sprechen über Engel um die Not der Sprache wissen und durch Ehrfurcht und Zurückhaltung gekennzeichnet sein. Die Zeiten scheinen vorbei zu sein, in denen man mit letzter Genauigkeit die Namen, Rangstufen und Aktivitäten aller Engel aufzählte. Vielleicht hat die gottgeschenkte Stunde der intimen Verinnerlichung im Reden über die Engel und im Leben und Entscheiden mit den Engeln geschlagen: die Freundschaft mit dem Engel.

Im modernen Menschenbild hat das Ego eine Top-Position erhalten. Selbstverwirklichung ist angesagt. Da und dort beginnt es zu dämmern: Viele Entscheidungen unseres Lebens sind nicht einsame Entscheidungen des Menschen. Sind sie vielleicht in einer Symbiose zwischen mir und dem Engel getroffen und vollzogen worden?

Haben Freundschaft und Liebe auch mit Engeln zu tun, die unser Glück wollen? Sind Engel die unsichtbaren Tröster, wenn Leid und Trauer uns überfallen? Stehen uns Engel in der Stunde des Todes bei? Solche Überlegungen sind alles andere als romantische Schwärmerei, als esoterisches Welt- und Lebensgefühl. Engel sind die erlebte und beglückend erfahrene Nähe „der Güte und Menschenfreundlichkeit Gottes" (Tit 3,4). Engel stehen uns näher als viele glauben. Immer wieder sind Engel Impulsgeber. In die Stimme des Gewissens kann die Stimme des Engels sich einmischen. Engel können uns Perspektiven aufzeigen. Aus nicht wenigen Einsamkeiten sind Zweisamkeiten geworden. „Vergeßt die Gastfreundschaft nicht; denn durch sie haben einige, ohne es zu ahnen, Engel beherbergt" (Hebr 13,2). Engel sind auch dann da, wenn wir sie nicht spüren.

Systematik als Fragment

Keine wissenschaftlich noch so abgeklärte und allseits aner-
kannte Engel-Systematik ist perfekte Supervision. Jede Engel-
Systematik hat Ergänzungsbedarf, leidet unter Sprachnot. Erst
im gotterleuchteten Rückblick auf die Glaubens- und Weltgeschichte „werden wir", wie Karl Barth (1886–1968) schrieb,
„an den unerwartetsten Stellen wahrnehmen, daß und wie die
Engel auf dem Plan gewesen sind und effektiv geredet und ge-
wirkt haben."[19]
Das endgültige Ja und Amen (2 Kor 1,19–20) zum Mysterium
der Engel, zum Sinn ihrer Erschaffung wird erst in der Ewigkeit
gesprochen, – wird als gemeinsames Preislied mit den Engeln
und Erzengeln, mit den Cherubim und Seraphim gesungen.
Jede irdische Engellehre ist und bleibt Stückwerk, Fragment,
befindet sich immer noch auf dem Weg vom Unsagbaren zum
Sagbaren und zum Endgültigen.

Das Echo der Engel

Es gibt Einsichten, Erfahrungen und Forschungsergebnisse im stillen Herzenskämmerlein eines Wissenschaftlers, eines Visionärs, eines Mystikers. Für andere bleiben sie ein Buch mit sieben Siegeln. Manche Einsichten und Erfahrungen sind in alten Dokumenten festgehalten. Diese Weisheit ist in Druckerschwärze zwischen zwei Buchdeckeln festgehalten; sie wartet aber so manches Jahrhundert schon auf Entdeckung.

Für die meisten, die sich auf eine Entdeckungsreise nach Informationen über Engel aufmachen, ist es erstaunlich, daß sie sehr bald schon in verschiedenen Bereichen und Medien auf das Echo der Engel stoßen. Es muß gerade in „aufgeklärten" und rational geprägten Zeiten – vielleicht als Sehnsucht und Gegenkraft – ein großes Interesse für Engel geben, bzw. „das Erforschliche" erforscht zu haben und das Unerforschliche ruhig zu verehren" (Johann Wolfgang von Goethe).

Man begnügt sich nicht mit den biblischen Aussagen über die Engel. Man will mehr wissen. Man will es genauer wissen. Man will mit der Lampe der Wissenschaft oder auch in Träumen, Trancezuständen den dunklen Raum des Geheimnisses erhellen, um es endgültig zu wissen. Nun flattern sie wieder, und es ist schwieriger denn je, den Weizen der echten Engel von der Spreu der fiktiven Engel zu trennen.

Jeder Blick in Buchhandlungen bestätigt, wo früher das Schild „Religion" zu lesen war, ist heute das Schild „Esoterik" angebracht. Es gibt eine Überproduktion engelähnlicher Wesen wie Nymphen, Feen und Elfen. Die Regale bestätigen eine esoterische Engeleuphorie. Ganz zu schweigen von den extraterrestrischen Geistwesen, die mit UFO-Stützpunkten und Weltraumfahrten zu tun haben und als unsere Engel und Beschützer im Weltenraum erklärt werden.

Die Engel sind jedenfalls keineswegs vom Aussterben bedroht. Viele sagen „Engel". Jeder meint etwas anderes. Was ist wirklich – ein Engel? Selbst Liebende verstärken die Engelproduktion, wenn sie sich gegenseitig zum Engel machen: Du bist mein Engel! Es ist unbestritten: Das heutige Engelangebot der verschiedenen Medien ist großartig, mehrdimensional, verwirrend. Gibt es Kriterien, den echten Engel vom eingebildeten, illusionären und fiktiven Engel zu unterscheiden?

Denn man kann großartig und eindrucksvoll über Engel schreiben, in Filmen oder auf der Bühne einen Engel „spielen" und doch nicht an die Existenz und Wirksamkeit der Engel, seines eigenen Schutzengels glauben.

Einige Prüfsteine des echten Engels:

– Ist das Bild vom Engel verkitscht, d. h. süßlich, kindisch, billig, allzu plastisch?

– Bedient das Bild nur unsere Ewartungen oder steckt auch etwas von Ehrfurcht, vom Anderen Gottes in ihm?

– Hat der, der vom „Engel" spricht, einen klaren Begriff oder redet er nur daher?

– Andererseits: Läßt die Rede vom Engel durchblicken, daß die Sprache hier ihre Grenze, aber auch die Grenze menschlicher Erkenntnis überschreitet?

– Ist der Engel Werkzeug Gottes, tritt er hinter seinem Auftrag zurück oder steckt in ihm der Keim der Anmaßung oder gar die Macht der Verführung?

– Decken sich Rede und Wirkung des Engels mit dem Zeugnis der Heiligen Schrift und der Lehre der Kirche?

Gewiß gibt es dichterische Freiheiten und eine gewisse Vorliebe für das Symbolische und Mystische. Romanfiguren werden erfunden. Auch Engel gehören dazu. Das Kriterium der Echtheit kann auch dann nicht erreicht sein, wenn der Engel im Roman oder auf der Bühne den christlichen Wortschatz und die dogmatischen Formulierungen perfekt beherrscht und sein Auftritt im Rundhorizont eines christlichen Weltbildes sich ereignet.

Man horche sehr genau hin, wenn etwa der Naturalist Gerhard Hauptmann (1862–1946) in seinem symbolistisch-mystischen Traumspiel „Hanneles Himmelfahrt" (1893) die Engelchöre singen läßt:

> *Es blitzen im Grund unserer Augen*
> *die Zinnen der ewigen Stadt.*

Wer den Originalton über die Engel gehört hat, wie er aus der Bibel der ganzen Menschheit entgegenklingt, ist neugierig und gespannt, wie der Originalklang im Echo der Weltgeschichte zu vernehmen ist. Sicherlich gibt es Variationen in Dur wie in Moll. Vielleicht auch Verzerrungen und Disharmonien, so daß der Originalklang kaum noch zu erkennen ist.

Bei einem ersten Überblick läßt sich feststellen: Mit Martin Heidegger (1889–1976), der von der Gegenwart als „dürftiger Zeit" spricht und in seinem Werk „Holzwege" (1950) schreibt: „Der Glanz der Gottheit ist in der Weltgeschichte erloschen", scheint auch der Glanz der Engel erloschen. Der Komponist Paul Hindemith (1895–1963) wiederum hat in seinen Opern „Mathis der Maler" (1938) und „Die Harmonie der Welt" (1957) sein ungebrochenes Ja zu den Engeln und zur Engelmusik als Tröstung in eine dürftige und unbehauste Welt durch seine Musik hineinklingen lassen.

Während auf dem gegenwärtigen Buchmarkt ein Engel-Boom festzustellen ist, ist die Engellehre (Angelologie) in der theologischen Forschung ein Randthema (und sicherlich mit Recht). Gewiß hat die Liturgiereform des Zweiten Vatikanischen Konzils (1962–1965) im kirchlichen Kalendarium am Fest der drei Erzengel Gabriel, Michael und Raphael (am 29. September) wie auch am Schutzengelfest (am 2. Oktober) festgehalten. Aber ein großes oder gar aufregendes Thema ist die Angelologie nicht. Weithin sind nur Repetitionen früherer Formeln und Formulierungen anzutreffen, kaum aber wird theologisches oder sprachliches Neuland betreten. Außerhalb der Kirche scheint die Lehre vom Bösen, vom Satan (Dämonologie) auf größeres Interesse zu stoßen (erinnert sei an spektakuläre Exorzismen oder an Satansmessen). Lebendig geblieben ist die Debatte um den „armen Teufel", der vielleicht doch noch von der Liebe und Barmherzigkeit Gottes Vergebung erhält.[20]

Wirklich spannend und mit neuen Tönen versehen ist die Geschichte des weiterklingenden Echos der Engel auf den Ebenen der Liturgie wie der Volksfrömmigkeit, der Literatur, Kunst und Musik, immer neu bei Verliebten, aber auch bei Atheisten, bei Ketzern und Mystikern.

Öffnen wir Herz und Ohren, um das grandiose Engel-Echo zu hören, das von Jahrhundert zu Jahrhundert weiterklingt, um schließlich einzumünden in den Lobgesang der Engel und Erzengel, der Cherubim und Seraphim, wie es am Ende jeder Präfation in der Eucharistiefeier heißt.

... in der Liturgie und Volksfrömmigkeit

Die singenden und jubilierenden Engel, von denen das Alte und das Neue Testament berichten, sind ein immerwährender Impuls, alle Erlösten zum gemeinsamen Loblied, vor allem in der Liturgie der Eucharistiefeier und bei der Spendung der Sakramente einzuladen. In der Einleitung zum Sanctus heißt es daher in der orthodoxen Chrysostomus-Liturgie:

> ... Cherubim und Seraphim,
> die das Siegeslied singen und rufen,
> jauchzen und sprechen:
> Heilig, heilig, heilig.

Engel sprechen auch zu Menschen, sie antworten auf Fragen der Menschen. Franziskus von Assisi (1181–1226) fragte einen Engel: „Sag mir, Engel Gottes, wie ist dein Name?" Die Antwort des Engels lautete: „Was fragst du mich nach meinem Namen? Er ist wunderbar (miraculoso)".

Der Engel, Träger des Opfers und der Gebete

In Offenbarung 8,3–4 wird von der Zielrichtung allen irdischen Betens und Opferns gesprochen, die im Eucharistischen Hochgebet I (Canon Romanus Nr. 96) aufgegriffen wird und die einzigartige Würde aller irdischen Liturgie deutlich macht:

In Demut flehen wir zu dir,
allmächtiger Gott:
Dein heiliger Engel
(per manus sancti angeli)
trage dieses Opfer
auf deinen himmlischen Altar
(in conspectu divinae majestatis tuae).

Christliches Beten ist kein Monolog. Es wird verstärkt durch das Flehen des Geistes (Röm 8,26) und durch Engel emporgetragen und vereint mit der himmlischen Liturgie.[21]

Die Einladung der Engel-Präfation

Vor allem in der Eucharistiefeier, wenn in den Präfationen (Hochgebet II und IV, aber auch andere Präfationen) von den Engeln und ihren unterschiedlichen Aufgaben die Rede ist, wendet sich die Liturgie ihnen zu.
Die Präfation von den Engeln selbst ist gebetetes Dogma, staunend gesprochene Kurzfassung der biblisch-kirchlichen Engellehre. Sie macht darauf aufmerksam, daß bei jeder Eucharistiefeier der Himmel offen ist, und irdische wie himmlische Liturgie zu einer einzigen Verherrlichung des Schöpfer- und des Erlösergottes sich vereinen.

In Wahrheit ist es würdig und recht,
dir, allmächtiger Vater, zu danken
und in der Herrlichkeit der Engel
deine Macht und Größe zu preisen.
Denn es gereicht dir zur Verherrlichung und zum Lob,
wenn wir sie ehren, die du erschaffen hast.
An ihrem Glanz und ihrer Würde erkennen wir,

wie groß und über alle Geschöpfe erhaben du selber bist.
Dich, den ewigen Gott, rühmen wir
ohne Ende durch unseren Herrn Jesus Christus.
Mit ihrem Lobgesang laß auch unsere Stimmen
sich vereinen und voll Ehrfurcht rufen:
Heilig, heilig, heilig ...

Die Engel sind nicht nur Boten Gottes zu uns. Sie sind auch die Boten unserer Anliegen und Gebete hin zu Gott. Das Ernstnehmen der Engel läßt erfahren (ohne in Esoterik zu verfallen), daß der Kosmos belebt und durchwohnt ist. Die Schöpfung ist mehr als Physiker, Chemiker, Techniker und Astronomen erfassen.

Gerade im Geheimnis der Liturgie schenken uns die Engel als Impulsgeber eine Neusicht, eine Tiefenschau der Kosmologie. Es gibt nicht nur eine Offenheit des Kosmos für die Transzendenz, für das Ewige. Das ganze Universum ist offen. Die Wirklichkeit und Wirksamkeit der Engel läßt die Offenheit der Geschichte und des Weltprozesses, die Offenheit des ganzen Universums erkennen als Ort der Gottbegegnung, als Ort der liturgischen Gottpreisung. Engel sind die Impulsgeber dieser neuen Weltsicht. Engel nehmen dem Menschen seine Einsamkeit, seine Unbehaustheit.

Fjodor Michailowitsch Dostojewski (1821–1881) hat in seinem Werk „Die Brüder Karamasow" Starez Sossima sprechen lassen: „Liebet die ganze Schöpfung Gottes, die ganze Welt und jedes Sandkörnchen auf Erden. Jedes Blättchen, jeden Lichtstrahl Gottes habet lieb. Liebet die Tiere, liebet die Pflanzen, liebet jedes Ding. Wirst du aber jedes Ding lieben, dann wirst du auch Gottes Geheimnis in den Dingen erfassen." Das ist auch der Auftrag, den die Engel an uns Menschen haben, „Gottes Geheimnis in den Dingen zu erfassen", aus dem überwältigten Staunen heraus Gottes Lob zu singen.

Engelfeste – Begegnungsfeste

Den Engeln, mit denen wir in jeder Präfation einer Eucharistiefeier Kontakt aufnehmen, begegnen wir im Kirchenjahr an
zwei Sonderfesten – am 29. September und am 2. Oktober.
Wiederum bieten die Texte der Tagesgebete Nachdenkenswer-
tes für unsere Meditation über Engel wie für unser Leben mit
Engeln.

Tagesgebet am Fest der
drei Erzengel (29. September)

Gott, du ordnest alles mit Macht und Weisheit;
Engeln und Menschen teilst du ihre Dienste zu.
Gib, daß die Macht des Bösen nicht überhandnimmt,
sondern sende deine heiligen Engel,
die im Himmel vor dir stehen, in diese Welt,
damit sie uns vor allem Unheil schützen.
Darum bitten wir durch Jesus Christus.

Tagesgebet am Schutzengelfest (2. Oktober)

Gott, in deiner Vorsehung sorgst du für alles,
was du erschaffen hast.
Sende uns deine heiligen Engel zu Hilfe,
daß sie uns behüten auf allen unseren Wegen,
und gib uns in der Gemeinschaft mit ihnen deine ewige
Freude.
Darum bitten wir durch Jesus Christus.

Wenn heute von der Wiederentdeckung des Engels gesprochen
wird, dann ist damit nicht gemeint, gläubiges Denken interes-
siere sich für die objektive Wahrheit, für die Dogmen oder für
den Satzglauben. Wiederentdeckung des Engels hat mit dem
Menschenverständnis als dialogischer Existenz (etwa im Sinne

von Martin Buber, von Ferdinand Ebner oder von Theodor Steinbüchel) zu tun. Wiederentdeckung der Engel ist nicht Wahrheit „an sich", sondern Wahrheit „für mich", als Ich-Du-Begegnung. Es ist Vertrautsein mit „meinem" Engel, der mich genau kennt. Er steht vor mir nicht mit dem flammenden Schwert. Er begegnet mir als Du, das in meinen Entscheidungen – in äußerster Diskretion und Verhaltenheit – mich unterstützt mit Motiven, mit Argumenten.

„Mein" Engel ist alles andere als ein emanzipierter Engel, der mich beherrschen und mich für seine Zwecke gebrauchen, mißbrauchen will. Es ist jener Engel, der sich in meine Freuden und in meine Leiden, in mein Glaubensglück wie in meine Gottesfinsternis hineinzudenken vermag. Er versteht, wenn ich zu ihm flüstere: Bete du in mir!

Engelfeste im Kirchenjahr wollen wichtige Gewissenserforschung sein, wie es in meinem Leben und Glauben um den Engel steht.

Schutzengel und Friedensengel

Der Weg zur Wirklichkeit und Wirksamkeit des Schutzengels ist heute durch esoterische Strömungen, aber auch durch den süßen, allzu süßen Kitsch der Andachtsindustrie erschwert, versperrt. In Filmen ist aus dem christlichen Engel ein Superman, ein Bodyguard, ein Charmeur geworden. Erinnert sei an die gut besuchten Filme „Der Engel mit den blutigen Flügeln" (1956) – „Der Himmel soll warten" (1977) – „Der Himmel über Berlin" (1987). Kaum bekannt ist, daß Fallschirmspringer der amerikanischen Luftlandetruppen als „airborne", d. h. in der Luft, im Himmel Geborene bezeichnet werden und damit begrifflich in die Nähe der Engel geraten.

Man muß vieles vergessen, um Gottes Wort auszuführen: „Achte auf ihn (den Engel), und hör auf seine Stimme" (Ex 29,21). So manches gut gemeinte Schutzengel-Bild oder Schutzengel-Gebet, das man als Kind aus der Tiefe seines Herzens gebetet hat, kann keine zehn Jahre später biographisch überholt wirken. Ist der Engel nur etwas für Kinder oder auch für Erwachsene?

Heiliger Schutzengel mein,
laß mich dir empfohlen sein!
Tag und Nacht, ich bitte dich,
schütz, regier und leite mich.
Hilf mir leben rein und fromm,
daß ich in den Himmel komm.

In der religiösen Hinführung des Kindes zum Engelglauben wird der Engel allzu leicht verkitscht und verzuckert. Aber die Kantate zum Michaelisfest von Johann Sebastian Bach (1685–1750) hätte sicherlich das Kinderherz kalt gelassen.

Bleibt, ihr Engel, bleibt bei mir!
Führet mich auf beiden Seiten,
daß mein Fuß nicht möge gleiten.
Aber lernt mich auch allhier
euer großes Heilig singen
und dem Höchsten Dank zu bringen.

Wohl dem Kind, das aus emotionalen und kitschigen Fragmenten zum ganz anderen Engelbild der Bibel geführt wird, wohl wissend, daß unser irdisches Wissen nur Stückwerk, nur Fragment ist. Erst im Jenseits werden wir erfahren, wo in unserer irdischen Biographie unsichtbar und doch wirksam Schutzengel standen.

Der Engel des Friedens in Fatima

Es war ein erstes Gnadenzeichen, das drei Kinder 1916 in der Zeit zwischen April und Oktober in Fatima erlebten: Lucia Santos (geboren 1907), Francisco Marto (1908–1919) und Jacinta Marto (1910–1920). Weltweit bekannt sind die sechs Marienerscheinungen, vor allem das Sonnenwunder in der Cova da Iria (Tal des Friedens) am Dienstag, den 13. Oktober 1917. Weniger bekannt sind die drei Engelerscheinungen, die die gleichen Kinder bereits im Jahre 1916 hatten. Lucia hat im Auftrag des zuständigen Bischofs von Leiria, Dom José Alves Coreia da Silva, einen authentischen Bericht niedergeschrieben, in dem über diese Engelerscheinungen zu lesen ist:

… Wir sahen eine Gestalt … Wie sie sich uns näherte, konnten wir ihr Aussehen erkennen: Ein Jüngling von 14 bis 15 Jahren, noch weißer als der Schnee, die Sonne machte ihn durchsichtig, als wäre er aus Kristall, und er war von großer Schönheit.
Als er bei uns ankam, sagte er: Habt keine Angst! Ich bin der Engel des Friedens! Betet mit mir. Auf die Erde niederkniend, beugte er seine Stirn bis zum Boden und ließ uns dreimal diese Worte wiederholen: Mein Gott, ich glaube an Dich, ich bete Dich an, ich hoffe auf Dich, ich liebe Dich. Ich bitte Dich um Verzeihung für die, die nicht glauben, Dich nicht anbeten, nicht hoffen und Dich nicht lieben. Danach sagte er sich erhebend: So sollt ihr beten. Die Herzen Jesu und Mariens hören auf eure Bitten …
Es verging eine längere Zeit … Wir sahen über uns ein unbekanntes Licht erstrahlen. Wir richteten uns auf, um zu sehen, was geschah, und sahen den Engel. In der linken Hand hielt er einen Kelch. Darüber schwebte

eine Hostie, von der einige Blutstropfen in den Kelch
fielen. Der Engel ließ den Kelch in der Luft schweben,
kniete sich zu uns und ließ uns dreimal wiederholen:
Heiligste Dreifaltigkeit, Vater, Sohn und Heiliger Geist,
ich opfere euch auf den kostbaren Leib, das Blut, die
Seele und die Gottheit unseres Herrn Jesus Christus,
gegenwärtig in allen Tabernakeln der Welt, zur Sühne
für die Schmähungen, Sakrilegien und Gleichgültigkei-
ten, durch welche Er selbst beleidigt wird. Durch die
unendlichen Verdienste Seines heiligsten Herzens und
durch die des Unbefleckten Herzens Mariens, erflehe
ich von Euch die Bekehrung der armen Sünder.
Danach erhebt er sich, ergreift den Kelch und die Hostie,
reicht mir die heilige Hostie, und teilt das Blut Jesu Christi
im Kelch zwischen Jacinta und Francisco, wobei er
spricht: Empfangt den Leib und trinkt das Blut Jesu Chri-
sti, der durch die undankbaren Menschen so furchtbar be-
leidigt wird. Sühnet ihre Sünden und tröstet Euren Gott.
Er kniete sich von neuem auf die Erde, wiederholte mit
uns noch dreimal das gleiche Gebet: Heiligste Dreifaltig-
keit ... und verschwand.[22]

Diesen Text sollte man zunächst auf sich wirken lassen. Er
ist ungewohnt, wirkt märchenhaft. Man sollte nicht mit sa-
kramententheologischen und kirchenrechtlichen Einwänden
kommen. Hilfreich ist es, das religiöse Umfeld zu bedenken,
aus dem vor allem die Formulierungen des Gebetes, das der Engel die drei Kinder gelehrt hat, kommen könnten. Man hört
gewiß Ähnlichkeiten mit Herz-Jesu-Gebeten heraus, wie sie
durch Margarete Maria Alacoque (1647–1690) verbreitet worden sind. Auch werden Erinnerungen an die Frühkommunion
wach, wie sie durch das Dekret „Quam singulari" des Papstes
Pius X. vom 8. August 1910 angeregt worden ist. Francisco

und Jacinta, die 1916 noch nicht die erste heilige Kommunion empfangen hatten, haben die Reichung des Kelches durch den Engel, wie Pater Luis Kondor, ein Steyler Missionar, nach Befragung beider mitteilt, „nie für eine sakramentale Kommunion gehalten".[23]

Der „Kommunion-Engel" von Fatima – ist er nicht ein Paradox,[24] ein Mysterium, ein Einbruch der Transzendenz in die Immanenz, Chiffre und Angebot Gottes, die Spur eines Engels zu finden? Hier kann man nicht sezieren, analysieren und erklären oder nur Gegenargumente sammeln. Wir können den „Engel des Friedens" von Fatima nur meditierend umschreiben, denn Gott wirkt, wo und wie er will.

Der Engel – im Alter und im Sterben

So manches ist zu regeln, wenn man alt und älter wird. Kontakte mit Mitmenschen werden schwächer und schwieriger. Rechtzeitig sollte man auf der letzten und steilsten Etappe seines Weges mit Gott, mit seinem Namenspatron, gewiß auch mit „seinem" Engel auf Du und Du stehen.

Werner Bergengruen (1892–1967) hat uns einige Verse zum Gut-alt-Werden und zum Christlich-Sterben in die Hand gelegt:

> *Laß mich, Engel, nicht allein,*
> *alle Freunde sind im Weiten,*
> *keiner darf mich mehr begleiten,*
> *Du nur, Du darfst bei mir sein.*
> *Engel, laß mich nicht allein.*

Wenn wir „das Zeitliche gesegnet haben" und wir hineintauchen in die göttliche Allwissenheit des Gerichts, betet der Priester (oder auch ein Angehöriger) für die sich loslösende Seele. Versprechen wir einander: Niemand soll allein sterben!

Kommt herzu, ihr Heiligen Gottes,
eilt ihm (ihr) entgegen, ihr Engel des Herrn!
Nehmt auf seine (ihre) Seele und führt sie
vor das Antlitz des Allerhöchsten!
Christus nehme dich auf, der dich
berufen hat, und in das Himmelreich
sollen Engel dich geleiten.

Du bist ein Engel für mich!

Das Wort „Engel" hat bei genauem Hinschauen eine erstaunlich große Bandbreite unterschiedlicher Deutungen. In einer theologischen Dissertation anders als im Straßenverkehr, wo der ADAC seine „Gelben Engel" als Helfer und Retter in der Not einsetzt, in einem Chanson oder im Kabarett anders als in einer humorvollen Zeitungsanzeige: „Himmel vorhanden – Engel gesucht!", in der Todesanzeige eines Kleinkindes „Unser Engel hat uns verlassen" anders als im Titel des berühmten Films mit Marlene Dietrich (1901–1992) „Der blaue Engel" (1929) mit dem koketten Lied: „Ich bin von Kopf bis Fuß auf Liebe eingestellt".
Wie schnell und durchaus nachfühlbar sagen Verliebte in ihrem ersten Glück zueinander: „Du bist ein Engel für mich!" Das große Wort „Engel" ist zur Vokabel, zur Floskel verkommen – ohne Kraft, ohne Spannung, ohne Ernst. Rainer Maria Rilke (1875–1926) beginnt die zweite Elegie seiner „Duineser Elegien" mit dem Satz:

Jeder Engel ist schrecklich.

Martin Buber (1878–1965) hat mit großem Ernst immer wieder auf die dialektische Zweipoligkeit des biblischen Denkens aufmerksam gemacht, die auch für die geistige Erfassung des Engels unerläßlich ist. Der Engel – ein Mysterium fascinosum und ein Mysterium tremendum. Beides, das Heimelige und das Unheimliche, ist der Engel als Geschöpf Gottes und als Bote Gottes zu den Menschen. Wo nur ein Pol gesehen und radikalisiert wird, ist das biblisch-christliche Engelbild gefährdet bis hin zur Verzerrung, Verfälschung und Entwertung.

Genesis 18,1–33 hat die Ikonenmalerei zur Dreifaltigkeitsdarstellung inspiriert. „Der Herr erschien Abraham ... und er sah drei Männer". Am unteren Bildrand backt Sara die Brotfladen (Gen 18,6), ein Knecht schlachtet das Kalb. Neben dem Brot befinden sich auf dem Tisch Butter, Milch und das Fleisch des Kalbes.
„Die Heilige Dreifaltigkeit nach dem Alten Testament", Tichon Iwanowitsch Filatjew, 17. Jh., Mariä-Entschlafens-Kathedrale, Kreml, Moskau.

Raphael (Tob 5,4), der den jugendlichen Tobias führt, begleite
(Lk 1,20). Die Engel mit den großen Flügeln sind symbolische
Gabriel (der Verkünder des Sohnes) – Raphael (die helfende L
Francesco Botticini, „Die drei Erzengel und der junge Tobias",

...ael mit dem Schwert (Offb 12,7) und von Gabriel mit der Lilie
...auf die Dreifaltigkeit: Michael (der Kämpfer für den Vatergott) –
...eiligen Geistes).
...zien, Florenz.

Engel beim Jüngsten Gericht: Links: Michael unter Christus als Weltenrich-
ter (Mk 13,24–27), mit der Waage die Vorentscheidung treffend (Ausschnitt
aus: Roger van der Weyden, „Jüngstes Gericht", 15. Jh., Hôtel Dieu, Beaune).

Rechts oben: Engel, das Kreuz zeigend (Mt 24,30). Rechts unten: bewaff-
nete Engelschar (Beide: Ausschnitte v. Giotto di Bondone, „Das Jüngste Gericht", um 1303/03, Capella degli Scrovegni /Arenakapelle, Padua).

Engel mit Laute: Melozzo da Forli, „Musizierender Engel", 1480, Pinaco-
teca Vaticana, Rom.
Rechts oben: Cherub mit sechs Flügeln (Offb 4,8): Mosaik, 13. Jh., Narthex
(Westvorhalle), San Marco, Venedig.
Rechts unten: Engelchen mit Bibel oder Meßbuch: Giovanni B. Tiepolo,
Deckenbild, 1744, Scuola Grande dei Carmini, Sala del Capitolare, Venedig.

Gabriel, der Engel der Verkündigung (Lk 1,26) vor Goldhintergrund mit frischem Grün bekränzt, in der Linken einen Zweig: Zeichen des Lebens, des Lebensbeginns des Messias. Aus Jesses Wurzel blüht mit Macht ein Zweig auf (Dan 11,7).
Simone Martini, „Verkündigung an Maria", 1333 (Ausschnitt), Uffizien, Florenz.

... in der Literatur

In der Literatur des Abendlandes hat das Thema „Engel" eine unverwechselbare Stimme. Herbes und Kitschiges, Anregendes und Überholtes, Ernstes und Lächerliches, Großartiges und Armseliges ist darin zu finden. „Vielleicht sind wir dem Engel noch viel zu fern, als daß wir sie deuten könnten... Der Umgang mit dem Engel bringt Frieden: das ist vielleicht das größte Geschenk des Engels" (Reinhold Schneider).[25]

Von Eriugenas Sternenklang zu Dantes Paradiso

Kaum bekannt ist ein erstaunlicher Mann aus dem Norden Europas, der einen gewaltigen Weltentwurf vorgelegt hat – Johannes Eriugena (810–877). Sein Name bedeutet: Eriu = in Irland – gena = Geborener. Er hatte eine Supervision des Weltverständnisses, die von Geistesfrische und Selbständigkeit des Denkens zeugt. In seinem Hauptwerk „De divisione naturae" (866)[26] hat er eine Kosmologie vorgelegt, die heute noch Staunen erregt. Er hat dabei nicht nur von den Abständen und Bahnen der Gestirne gesprochen. Er hörte zwischen den Gestirnen „Musik", indem er sogar schon von gleitenden Skalen sprach. So „hört" er in der größten Entfernung zwischen Sonne und Saturn eine Oktav erklingen, in anderen Entfernungen eine Quint oder eine Quart. So ein Weltentwurf ist „ein Meisterstück der Weltbewältigung, der dem philosophischen Genie Augustins nicht nachsteht und ebensowenig der Dialektik des Proklos und Hegel" (Alois Dempf). Was wäre aus diesem Weltentwurf geworden, wenn er die astronomischen Daten der Neuzeit zur Verfügung gehabt hätte!

Ein Kurzzitat aus Eriugenas Hauptwerk kann nur Staunen auslösen und macht verständlich, daß Eriugena in seinem neunten Jahrhundert ein Zeichen war, an dem sich die Geister geschieden haben. Selbst kirchliche Synoden beschäftigten sich mit dem kühnen und doch dunklen Vordenker aus dem Norden.

> *Es kann angenommen werden, daß durch die acht himmlischen Klänge alle musikalischen Konsonanzen hervorgebracht werden können. Dabei denke ich auch an andere, die weit über den menschlichen Verstand hinausgehen ... Wir müssen uns die seligen (himmlischen) Geistwesen nicht nur mit dem Klang der eigenen Sphären, sondern auch mit jenen der benachbarten vorstellen: Jetzt gehen sie im Lied voran, dann folgen sie wieder, streben voran oder begleiten nur und führen in wunderbarer Harmonie ein immer anmutigeres Spiel aus.*[27]

Was Pythagoras von der Sphärenmusik geschrieben hat (vgl. S. 121), ist mit der christlichen Botschaft der Schöpfung und der Wirklichkeit wie Wirksamkeit der Engel weitergeführt worden. Es wäre Zeit, Johannes Eriugena wieder zu entdecken!

Ein Dreiklang:
Heliand – Hildegard – Dante

Um das Engelthema der neuzeitlichen Literatur verstehen zu können, sollte man einige Leitmotive vernehmen, die in mancherlei Variationen und Verzerrungen auch in unserer Epoche zu hören sind.

Heliand

Von einer Frühbegegnung des Christentums mit dem Germanentum berichtet der „Heliand", der im 9. Jahrhundert in altsächsischen Stabreimen verfaßt wurde. Mit unbekümmerter Selbstverständlichkeit ist darin vom biblisch-christlichen Engel die Rede, als wäre der Engel durch die Urwälder Widukinds gegangen und hätte sich in den dunklen Winternächten beim wärmenden Feuer zum Gespräch niedergesetzt. Unsere Vorfahren haben den Engel des Allmächtigen verstanden, „der oben vom Himmel im Federkleid herabgefahren ist". Nach dem Heliand sind Engel „Sendboten – des Himmelsvaters Boten – die heilige Heerschar vom Himmelsanger – Herolde Gottes". Hier ist noch nicht theologisiert, noch nicht das Wagnis der Inkulturation bedacht worden. Wie es die germanischen Vorfahren hier auf Erden erlebt haben, so übertrugen sie irdische Erfahrungen in die himmlischen Regionen wie auch für die Beschreibung der Engel.

Hildegard von Bingen

Ein gewaltiger Schritt zur Reifung und Vertiefung des Engelbildes ist markiert durch das Schrifttum der Hildegard von Bingen (1098–1179), die sich selbst „Posaune Gottes" nannte. Damals war eine Visionärin, eine Mystikerin in Volk und Kirche hochangesehen. Von ihren Visionen schreibt sie selbst: „Was ich in dieser Schau sehe oder lerne, behalte ich lange im Gedächtnis." Das visionär Geschaute und Erlebte war Realität, die Realität katexochen.

In ihrem Hauptwerk „Scivias" (Wisse die Wege) beschreibt Hildegard von Bingen ihre erste Vision (Nr. 6), ihre Erfahrung mit den Engeln, ihren Einblick in die Rangordnung und Aufgaben der sieben Engelchöre:

Preis euch, heilige Engel,
Hüter der Völker,

Deren Gebilde in eurem Antlitz sich spiegelt,
Erzengel, euch,
Die ihr die Seelen der Heiligen traget empor,
Euch, Kräfte und Mächte und Fürstentümer,
Herrschaften, Throne,
Die zum Geheimnis der Fünfzahl ihr schließet den
heiligen Ring,
Und euch, die Siegel ihr seid der Geheimnisse Gottes,
Leuchtende Cherubim, flammende Seraphim,
Lobpreis sei euch!
Ihr schauet den Herzschlag der Tage:
Denn wie von Auge zu Auge
Seht wehen ihr
Aus dem Herzen des Vaters
Die innere Kraft.[28]

Hildegard von Bingen hat nicht die Neunzahl der Engelchöre übernommen, die sich seit Papst Gregor I. (590–604) durchgesetzt hatte. Sie hat vielmehr jene Tradition aufgegriffen, die an der Fünfzahl der Engelchöre festhielt und auf die Paulusbriefe (Eph 1,21; 3,10: Fürsten und Gewalten, Mächte und Herrschaften – Kol 1,16; vgl. 1 Petr 3,22: Throne und Herrschaften, Mächte und Gewalten) sich stützte.

Die Siebenzahl (einschließlich der Engel und Erzengel) der Engelchöre ist auch abgebildet auf der farbigen Miniatur „Die Chöre der Engel" des Rupertsberger Codex.

Beachtenswert ist auf dieser Miniatur, daß die Chöre der Engel im vollendeten Kreisrund um eine „leere", weiße und unbemalte Mitte kreisen: Symbol des unsichtbaren Gottes, der „in unzugänglichem Lichte wohnt" (1 Tim 6,16) und den „kein Auge gesehen hat" (1 Kor 2,9).

Dante Alighieri

Literarischer Höhepunkt der mittelalterlichen Engel-Theologie wie des mittelalterlichen Weltbildes ist Dantes (1265–1321) dreiteiliges Werk „La divína commédia". Die Bezeichnung „Komödie" kennzeichnet ein Werk, das am Ende mit Erfolg und Glück, mit einem Happy End schließt. Die göttliche Komödie beginnt im ersten Teil mit der Hölle (inferno), führt im zweiten Teil in das Fegfeuer (purgatório) und endet im dritten Teil im Himmel (paradíso).

Vor allem in den Gesängen 28 und 29 des Paradiso hat Dante ein theologisches Kompendium kirchlicher Personen und theologischer Begriffe verarbeitet. Anders als Hildegard von Bingen spricht Dante von neun Engelchören, die er in drei Hierarchien (Paradiso 28,118–129) einteilt: Erste und oberste Hierarchie (Throne, Cherubim und Seraphim), zweite Hierarchie (Herrschaften, Kräfte und Mächte) und dritte Hierarchie (Fürstentümer, Erzengel und Engel).

Ausdrücklich verweist Dante (Paradiso 28,130) auf Dionysius, dessen Konzept mit neun Engelchören er übernimmt. Er erwähnt aber auch den Papst Gregor I. (28,133), der eine andere Reihung der Engelchöre vertreten hat.

Und Dionysius sich betrachtend wandte
Auf diese Ordnungen mit solcher Sehnsucht,
Daß er sie unterschied wie ich und nannte.
Doch anders dann Gregor als jener dachte,
Was ihn, sobald er aufgetan das Auge
Im Himmel hier, sich selbst belächelnd machte.
Und konnte solch Geheimnis auferschließen
Ein Sterblicher auf Erden staune nimmer;
Wenn wer es droben sah, ließ ihm es fließen
Mit Wahrheit mehr aus dieser Kreise Schimmer.[29]

(Paradiso 28,130–139)

Der Engel und das barocke Raumgefühl

Auf dem Weg von Dante zu Goethe liegt die Epoche des Barocks. Engel fühlen sich in diesem Zeitabschnitt in der Literatur, in der Malerei und in der Musik besonders wohl. Selbst auf Porträts von Königen und Fürsten, von Bischöfen und Äbten haben sie für die Apotheose des Abgebildeten einen wichtigen und angestammten Ehrenplatz. Barock ist „ein Zustand der Erregung" (Heinrich Wölfflin), der Ekstase in der Freude wie in der Trauer, auf dem Tanzparkett wie beim Totentanz.

Barock ist ein neues, kosmisches Raumgefühl, das eine harmonische Einheit erleben läßt, so daß der Philosoph Gottfried Wilhelm Leibniz (1646–1716) von der „prästabilierten Harmonie" gesprochen hat. Der ganze Kosmos ist offen. Jeder Raum hat durchsichtige und durchgehbare Wände und offene Decken. Die Deckengemälde der barocken Kirchen öffnen den Blick in den Himmel, in die Apotheose Gottes, der Engel und Heiligen. Mit Recht wurde das Schweben als Grundgefühl des Barocks bezeichnet.

Im barocken Welt- und Lebensgefühl ist es keine Sensation, keine Überraschung, sondern alltägliche Möglichkeit und Erfahrung, auch Engeln und Heiligen zu begegnen.

Jakob Bidermann

In dieser barocken Atmosphäre lebte und wirkte der Schwabe Jakob Bidermann (1578–1639), der erste große Barockdramatiker Deutschlands. Sein erstes, lateinisch verfaßtes Drama „Cenodoxus" (1602 Uraufführung in Augsburg) zeugt von barocker Lebensheiterkeit ebenso wie von dem barocken Raumgefühl der Offenheit und damit der Begegnung mit dem Jenseitigen. Typisch für Bidermann ist der Aufbruch des Raumes, der Aufbruch der Zeit, „die sichtbare Aufsprengung des irdisch menschlichen Raums".[30] Auf den Brettern der sichtbaren Weltgeschichte tummeln sich neben den Menschen auch Engel und Teufel, greifen himmlische und höllische Mächte ein. Auch Glaube, Stolz, Sünde, Tod und Teufel werden personalisiert.

Pedro Calderón de la Barca

Der Spanier Pedro Calderón de la Barca (1600–1681) lebte in einer Zeit, in der das Theater noch als „eine moralische Anstalt" gesehen wurde, in der ethische und religiöse Anliegen oft besser und einprägsamer vermittelt werden als von den Kanzeln mancher Kirchen. Für Calderón, der Priester und Dramatiker war, ist Geschichte stets Heilsgeschichte. Geschichte ist „el gran teatro del mundo", das große Welttheater. Calderón verfolgte als Theaterschriftsteller auch didaktische Intentionen in Form der indirekten Verkündigung. Es war sein Anliegen, das Verborgene und Unsichtbare literarisch und im Theaterspiel sichtbar, erlebbar zu machen: das Ewige im Zeitlichen, in den Dingen dieser Welt zu finden. Calderóns Stücke werden heute kaum aufgeführt. Gewandelt hat sich nicht nur die Theaterlandschaft. Noch mehr gewandelt hat sich die bunte Schar der Theaterbesucher, ihre Einstellung zur Religion, zum christlichen Glauben und Leben.

Eine Einsicht kann auch ein heute fremder und ferner Calderon vermitteln: Jeder gläubige Mensch, jeder überzeugte Christ „ist ein Schauspiel für die Welt, für Engel und Menschen" (1 Kor 4,9).

Goethe – Rilke – Bergengruen: die Engel der Neuzeit

Mephistopheles, der Böse, hat Johann Wolfgang von Goethe (1749–1832) als Dichter sicherlich mehr interessiert als die Engel. Die Macht des Dämonischen war eine Erfahrung, die Goethe als Mensch im Greisenalter tief bedrängte und nachdenklich machte. Was Goethe in seinen Schriften als Geister und Engelchöre auftreten ließ, gehört nicht zur Schar der christlichen Engel. Über das, was er wirklich als Religion lebte, hat Goethe ein großes Schweigen ausgebreitet, so daß dies, wie Reinhold Schneider schrieb, ein „ungelöstes Problem" bleiben wird. In einem Brief an Lavater vom 29. Juli 1782 hat Goethe eingestanden, ein „dezidierter Nichtchrist" zu sein.[31]

Als Goethe mit sechzehn Jahren seine „Poetischen Gedanken über die Höllenfahrt Jesu Christi" niederschrieb, klingt die evangelisch-pietistische Religiosität seines Elternhauses mit, wenn es in der letzten Strophe jenes Hymnus heißt:

Der Gott-Mensch schließt der Höllen Pforten,
er schwingt sich aus den dunklen Orten
in seine Herrlichkeit zurück.
Er sitzet an des Vaters Seiten,
er will noch immer für uns streiten.
Er will's! Freude! Welches Glück!
Der Engel feierliche Chöre,
die jauchzen vor dem großen Gott,
daß es die ganze Schöpfung höre:
Groß ist der Herr Gott Zebaoth!

In Goethes Faust I besingen Engelchöre die Auferstehung Christi. Faust II beendet ein Chorus mysticus. Ein Loblied auf den

Schöpfer, Erlöser und Vollender sind diese Texte keineswegs; eher Goethes Hinweise in seine „Provinz der Ehrfurcht" aus „Wilhelm Meisters Wanderjahre".[32]

Um sein Faust-Drama auf die Bühne der zum Himmel geöffneten Weltgeschichte (wie etwa Calderón) zu stellen, hat Goethe einen „Prolog im Himmel" vorgeschaltet, in dem der Lobgesang der drei Erzengel (Faust I, Verse 243–270) erklingt. Goethe hat sich dabei inspirieren lassen von der Sphärenmusik, von der bereits der griechische Philosoph Pythagoras (580–500 v. Chr.) geschrieben hat. Pythagoras war der Auffassung, alle Gestirne hätten in ihren unterschiedlichen Größen, Geschwindigkeiten und Laufbahnen eine grandiose harmonische Abstimmung, so daß ein einzigartiger, nur für die Unsterblichen hörbarer Klang in der Sphäre zu hören sei – als Sphärenmusik.

Raphael
Die Sonne tönt nach alter Weise
In Brudersphären Wettgesang,
Und ihre vorgeschrieb'ne Reise
Vollendet sie mit Donnergang.
Ihr Anblick gibt den Engeln Stärke,
Wenn keiner sie ergründen mag;
Die unbegreiflich hohen Werke
Sind herrlich, wie am ersten Tag.

Gabriel
Und schnell und unbegreiflich schnelle
Dreht sich umher der Erde Pracht;
Es wechselt Paradieseshelle
Mit tiefer schauervoller Nacht;
Es schäumt das Meer in breiten Flüssen
Am tiefen Grund der Felsen auf,

Und Fels und Meer wird fortgerissen
In ewig schnellem Sphärenlauf.

Michael
Und Stürme brausen um die Wette,
Vom Meer aufs Land, vom Land aufs Meer,
Und bilden wütend eine Kette
Der tiefsten Wirkung rings umher.
Da flammt ein blitzendes Verheeren
Dem Pfade vor des Donnerschlags;
Doch deine Boten, Herr, verehren
Das sanfte Wandeln deines Tags.

Zu drei
Der Anblick gibt den Engeln Stärke,
Da keiner dich ergründen mag,
Und alle deine hohen Werke
Sind herrlich, wie am ersten Tag.

Das Thema „Die Harmonie der Welt" hat Paul Hindemith (1895–1963) – wenn auch ganz anders und mit großem Ernst – in seiner gleichnamigen Oper (1957 Uraufführung in München) aufgegriffen. Der Astronom Johannes Kepler (1571–1630), der einem seiner Werke den Titel „Harmonices mundi" (1619) gegeben hat, ist die Hauptgestalt.
Wie sehr Hindemith um die musikalische Darstellung des Engels gerungen hat, kann an der langen Entstehungsgeschichte seines Opus 27 (sechs Lieder für Sopran und Orchester; Erstfassung 1922/23 Neufassung 1948) ersehen werden. Darin wurde Rilkes „Marienleben" zum musikalisch-religiösen Ereignis; einzelne Teile wurden bis zu zwanzigmal umgeschrieben.

Rainer Maria Rilke
und die Welt seiner Engel

Es gibt Menschen, die lesen keine Bibel. Sie nähren ihre Seele, ihre Religion mit Rilke-Lektüre, vornehmlich mit dem „Stunden-Buch" (1899–1903) und den „Duineser Elegien" (1923). Schon der Gesamtname Rainer Maria Rilke (1875–1926) strahlt weihevolle Ruhe, vielleicht sogar christliche Geborgenheit und Heimat aus.

Es gibt Menschen, die sehen die Mitmenschen und erleben die Natur wie Rilke. Sie lieben wie Rilke und verstehen Freundschaft wie Rilke. Sie lassen sich in Stunden der Trauer von Rilke trösten, ja beginnen mit Worten Rilkes wieder zu beten. Rilke hat bezaubernd und anschmiegsam ausgesprochen, was viele innerlich erleben. Weil Rilke vielen Einzelnen und Einsamen in ihren Nöten und Sehnsüchten geholfen hat, ist aus den vielen Einzelnen die Rilke-Gemeinschaft entstanden – ohne Vereinssatzungen und ohne Mitgliedsbeiträge. Es sind darunter viele Gottsucher, die Gott in der Kirche verloren haben.

Rilke lebte und verkündete einen kapellenlosen, kirchenfreien Glauben. Er ist ein unkonfessioneller Gottsucher. Robert Musil wagte daher die Aussage: „Er war in einem gewissen Sinn der religiöseste Dichter seit Novalis, aber ich bin nicht sicher, ob er überhaupt Religion hatte."

Für viele ist Rilke, was er selbst in „Die Weise von Liebe und Tod des Cornets Christoph Rilke" (1899) geschrieben hat:

Seid stolz: Ich trage die Fahne,
seid ohne Sorge: Ich trage die Fahne,
habt mich lieb: Ich trage die Fahne.

Gerade weil Rilke als Fahnenträger seinen eigenen Glaubensweg außerhalb der katholischen Kirche, in die er hineingetauft worden war, gegangen ist, und weil er mit einem neuen ABC die religiöse Welt umschritten und erschlossen hat, mag es durchaus wissenswert, ja spannend sein, zu erfahren, wie Rilke über Engel sprach und schrieb. Er war ja für viele der Fahnenträger einer neuen Religiösität, ähnlich und doch ganz anders als Hermann Hesse (1877–1962), der Guru der Hippies.

In seinem Selbstverständnis und in seiner Weltfrömmigkeit ist Rilke einen langen, ehrlichen und schwierigen Weg zu seinem unverwechselbaren Originalton – auch seines Engel-Verständnisses – gegangen. In letzter Klarheit wurde in den „Duineser Elegien" (Erstveröffentlichung 1923) jenes Engel-Verständnis sichtbar, von dem Rilke selbst erklärte: „Der Engel der Elegien hat nichts mit dem Engel des christlichen Himmels zu tun."[33] Man sollte sich daher durch Rilke führen und überraschen lassen. Eine einfühlsame, bereits neuakzentuierte Darstellung des Engels ist Rilke in seinem Werk „Das Marienleben" gelungen (geschrieben auf dem Schloß Duino an der Triester Riviera zwischen dem 15. und 23. Januar 1912). Daraus drei Einzelgedichte mit Kurzkommentaren.

Geburt Mariä

O was muß es die Engel gekostet haben,
nicht aufzusingen plötzlich, wie man aufweint,
da sie doch wußten: in dieser Nacht wird dem Knaben
die Mutter geboren, dem Einen, der bald erscheint.
Schwingend verschwiegen sie sich und zeigten die
Richtung,
wo, allein, das Gehöft lag des Joachim,
ach, sie fühlten in sich und im Raum die reine
Verdichtung,
aber es durfte keiner nieder zu ihm. Denn die beiden
waren schon so außer sich vor Getue.
Eine Nachbarin kam und klagte und wußte nicht wie,

und der Alte, vorsichtig, ging und verhielt das Gemuhe
einer dunkelen Kuh. Denn so war es noch nie.

In dem Gedicht „Geburt Mariä" greift Rilke nichtbiblisches Material, wohl aus dem apokryphen (aus der Mitte des zweiten christlichen Jahrhunderts stammenden) Jakobusevangelium auf, in dem die Namen der Eltern Marias, Joachim und Anna, aufgezeichnet sind. Beachtenswert ist die Zurückhaltung der Engel, vor allem das Gespür für ein Zeichen Gottes, für ein Mysterium: „Denn so war es noch nie."

Mariä Verkündigung
Nicht, daß ein Engel eintrat (das erkenn),
erschreckte sie. So wenig andre, wenn
ein Sonnenstrahl oder der Mond bei Nacht
in ihrem Zimmer sich zu schaffen macht,
auffahren –, pflegte sie an der Gestalt,
in der ein Engel ging, sich zu entrüsten;
sie ahnte kaum, daß dieser Aufenthalt
mühsam für Engel ist. (O wenn wir wüßten,
wie rein sie war. Hat eine Hirschkuh nicht,
die, liegend, einmal sie im Wald eräugte,
sich so in sie versehn, daß sich in ihr,
ganz ohne Paarigen, das Einhorn zeugte,
das Tier aus Licht, das reine Tier –.)
Nicht, daß er eintrat, aber daß er dicht,
der Engel, eines Jünglings Angesicht
so zu ihr neigte, daß sein Blick und der,
mit dem sie aufsah, so zusammenschlugen,
als wäre draußen plötzlich alles leer
und, was Millionen schauten, trieben, trugen,
hineingedrängt in sie: nur sie und er;
Schaun und Geschautes, Aug und Augenweide

sonst nirgends als an dieser Stelle –: sieh,
dieses erschreckt. Und sie erschraken beide.
Dann sang der Engel seine Melodie.

Dem Gedicht „Mariä Verkündigung" aus dem Zyklus „Das Marienleben" liegt der neutestamentliche Text Lukas 1,26–38 zugrunde. Bemerkenswert ist zunächst die in Klammern eingefügte Legende vom Einhorn. Nach einer alten Überlieferung kann das wilde Einhorn nur durch eine Jungfrau gefangen werden. Vom 16. Jahrhundert an hat sich auch der Verkündigungsengel Gabriel beim Einfangen des Einhorns beteiligt. Später erhielt das Wort „Einhorn" die symbolische Bedeutung „Jungfrauschaft".

Überraschend und auffallend ist, daß die zentrale Botschaft Gottes „Du wirst empfangen und einen Sohn gebären" (Lk 1,31; vgl. Jes 7,14; Mt 1,23) ausgeklammert ist. Alles konzentriert sich auf Maria und auf den Engel (Gabriel). Wie zwei Liebende begegnen sich Maria und der Engel:

> *… nur sie und er*
> *… Und sie erschraken beide.*

Das Wort vom „Erschrecken" zieht sich wie ein roter Faden durch Rilkes Denken und Dichten über den Engel.

Argwohn Josephs

Und der Engel sprach und gab sich Müh
an dem Mann, der seine Fäuste ballte:
Aber siehst du nicht an jeder Falte,
daß sie kühl ist wie die Gottesfrüh.
Doch der andre sah ihn finster an,
murmelnd nur: Was hat sie so verwandelt?
Doch da schrie der Engel: Zimmermann,

merkst du's noch nicht, daß der Herrgott handelt?
Weil du Bretter machst, in deinem Stolze,
willst du wirklich den zur Rede stelln,
der bescheiden aus dem gleichen Holze
Blätter treiben macht und Knospen schwelln?
Er begriff. Und wie er jetzt die Blicke,
recht erschrocken, zu dem Engel hob,
war der fort. Da schob er seine dicke
Mütze langsam ab. Dann sang er lob.

Hinter dem Gedicht vom „Argwohn Josephs" aus dem „Marienleben" entdeckt man die neutestamentliche Stelle Matthäus
1,18–25. Einfühlsam ist Rilke den Denk- und Glaubensproble-
men Josephs nachgegangen. Und der Dichter sah eine erhebliche Mühe, den Verlobten Marias vom Wirken Gottes zu über-
zeugen (auch Engel können schreien!):

Doch da schrie der Engel: Zimmermann,
merkst du's noch nicht, daß der Herrgott handelt?

Wiederum fällt auf, daß Rilke wohl das psychologische Drama
Josephs überzeugend zur Darstellung bringt, aber die im
Neuen Testament vorliegende und wichtige Argumentation,
daß eine alttestamentliche Verheißung (Jes 7,14) sich erfüllt
(Mt 1,22–23), nicht zur Sprache kommt.
Der Hinweis in der dritten Strophe, daß aus Holz Blätter und
Knospen treiben, könnte auf das apokryphe Jakobusevangelium
(niedergeschrieben um 150 n. Chr.) zurückgehen. Dort wird
von einem Gotteszeichen an einem Holzstab gesprochen, daß
Joseph mit der Tempeljungfrau Maria vermählt werden soll.
Eine bedeutende Umwandlung, ja Verfremdung des Rilkeschen
Engel-Bildes wird im Spätwerk, den „Duineser Elegien" von
1923 sichtbar.

Die erste Elegie

Wer, wenn ich schriee, hörte mich denn aus der Engel
Ordnungen? und gesetzt selbst, es nähme
einer mich plötzlich ans Herz: ich verginge von seinem
stärkeren Dasein. Denn das Schöne ist nichts
als des Schrecklichen Anfang, den wir noch grade

ertragen,

und wir bewundern es so, weil es gelassen verschmäht,
uns zu zerstören. Ein jeder Engel ist schrecklich.
Und so verhalt ich mich denn und verschlucke den

Lockruf

dunkelen Schluchzens. Ach, wen vermögen
wir denn zu brauchen? Engel nicht, Menschen nicht,
und die findigen Tiere merken es schon,
daß wir nicht sehr verläßlich zu Haus sind
in der gedeuteten Welt. Es bleibt uns vielleicht
irgend ein Baum an dem Abhang, daß wir ihn täglich
wiedersähen; es bleibt uns die Straße von gestern
und das verzogene Treusein einer Gewohnheit,
der es bei uns gefiel, und so blieb sie und ging nicht.
O und die Nacht, die Nacht, wenn der Wind voller

Weltraum

am Angesicht zehrt –, wem bliebe sie nicht, die

ersehnte,

sanft enttäuschende, welche dem einzelnen Herzen
mühsam bevorsteht. Ist sie den Liebenden leichter?
Ach, sie verdecken sich nur mit einander ihr Los.
...
Seltsam, die Wünsche nicht weiterzuwünschen. Seltsam,
alles, was sich bezog, so lose im Raume
flattern zu sehen. Und das Totsein ist mühsam
und voller Nachholn, daß man allmählich ein wenig
Ewigkeit spürt. – Aber Lebendige machen

alle den Fehler, daß sie zu stark unterscheiden.
Engel (sagt man) wüßten oft nicht, ob sie unter
Lebenden gehen oder Toten. Die ewige Strömung
reißt durch beide Bereiche aller Alter
immer mit sich und übertönt sie in beiden.

Schließlich brauchen sie uns nicht mehr, die Frühe-
                                 entrückten,
man entwöhnt sich des Irdischen sanft, wie man den
                                     Brüsten
milde der Mutter entwächst. Aber wir, die so große
Geheimnisse brauchen, denen aus Trauer so oft
seliger Fortschritt entspringt –: könnten wir sein ohne
                                     sie?

Die zweite Elegie

Jeder Engel ist schrecklich. Und dennoch, weh mir,
ansing ich euch, fast tödliche Vögel der Seele,
wissend um euch. Wohin sind die Tage Tobiae,
da der Strahlendsten einer stand an der einfachen
                                   Haustür,
zur Reise ein wenig verkleidet und schon nicht mehr
                                   furchtbar;
(Jüngling dem Jüngling, wie er neugierig hinaussah).
Träte der Erzengel jetzt, der gefährliche, hinter den
                                   Sternen
eines Schrittes nur nieder und herwärts: hochauf-
schlagend erschlüg uns das eigene Herz. Wer seid ihr?
Frühe Geglückte, ihr Verwöhnten der Schöpfung,
Höhenzüge, morgenrötliche Grate
aller Erschaffung, – Pollen der blühenden Gottheit,
Gelenke des Lichtes, Gänge, Treppen, Throne,
Räume aus Wesen, Schilde aus Wonne, Tumulte

stürmisch entzückten Gefühls und plötzlich, einzeln,
Spiegel: *die die entströmte eigene Schönheit*
wiederschöpfen zurück in das eigene Antlitz.

Rilkes Selbstverständnis und Selbsterlösung brauchen keine
Mittler, kein Sühnopfer durch einen menschgewordenen Sohn
Gottes, Jesus Christus. Er steht nackt, ganz allein vor seinem
Gott. Ein neuralgischer Punkt, an dem sein christliches Gottesbild wie auch sein Engelverständnis aus den Angeln gehoben
wird, ist Rilkes Christusverständnis. Er weiß sich (wie er in einem Brief vom 7. Dezember 1912 schreibt) vor „dem einen
Gott, mit dem sich so großartig reden läßt jeden Morgen, ohne
das Telefon ‚Christus'".[34]

Rilke erinnert mit den Worten „die Tage Tobiae" an das alttestamentliche Buch Tobit, in dem von dem Reisegefährten, dem
Erzengel Raphael, die Rede ist. Ist es nicht Gipfel der Verfremdung, Engel als „frühe Geglückte, Verwöhnte der Schöpfung …
Pollen der blühenden Gottheit" zu bezeichnen?!

Ist Rilke in seinem Dichten und Glauben mit dem Engel wirklich „fertig" und ins reine gekommen? Rilke umkreist wie Gott
immer auch den Engel. Braucht er den Engel, wie er auch von
Gott nicht loskam? Ist der Engel eine Arbeitshypothese, um
sich selbst zu enträtseln, um mit seinen Mitmenschen und
mit dem Schicksal, letztlich um mit Gott zu leben? Rilkes dich-
terischer und religiöser Weg, seine Lebens- und Glaubensgeschichte stehen unter einer Frage, die ihn zeit seines Lebens
beschäftigte und die er an den Anfang seiner ersten Duineser
Elegie setzte:

Wer, wenn ich schriee,
hörte mich denn
aus der Engel Ordnungen?

Nach langer und intensiver Beschäftigung mit Rilke kam Romano Guardini (1885–1968) zu dem vorsichtig-milden Urteil: „Dieser Engel ist nicht mehr jener der biblischen Offenbarung ... Vielleicht darf man die Vermutung aussprechen, in ihm drücke sich der Versuch aus, wieder Numina, Götter, zu denken."[35]

Werner Bergengruen

Der in Riga geborene Werner Bergengruen (1892–1967) war in seiner Biographie wie in seiner Dichtung „Ein Wanderer" nicht zwischen beiden Welten, wie Walter Flex (1887–1917) es meinte. Er war Wanderer in beiden Welten. Bergengruen ist gewiß einem sichtbaren Engel nicht begegnet, wohl aber der „Satanokratie" Hitlers. Aber er hat die Nähe und Begleitung des Engels gespürt. Was er über Engel geschrieben hat, war die Erfahrung seines Lebens: „Der Mensch wird geführt und soll sich dieser Führung getrost überlassen".[36]

Anders als bei Goethe, ganz anders als bei Rilke nehmen bei Bergengruen die Engel einen zentralen Platz ein. Erinnert sei nur an seine Gedichte „Anrufung um das Wort", „Der Engel spricht", „An den Engel", „Angelus Domini", „Die Schritte", „Der Behütete". Eines seiner reifsten Gedichte, aufgeladen mit mannigfacher Lebenserfahrung und mit bergeversetzendem Vertrauen auf Gottes Engel, ist das Gedicht „Engel, laß mich nicht allein".

Engel, laß mich nicht allein!

I.
Laß mich Engel, nicht allein!
Wenn mich alle Liebe läßt,
Engel, halte Du mich fest.

Vorersehn und beigesendet,
eh die Mutter mich empfing,
nun der Letzte von mir ging.

Engel, eh Dein Amt sich wendet,
Worte gibt, Dich zu beschwören,
Worte, daß Dir nichts verbleibt
als den Rufer zu erhören,
den der Strom ins Dunkel treibt.

Bruder Engel, jede Nacht,
eh mich noch Dämonen fingen,
haben, Hüter, Deine Schwingen
Morgenröten angefacht.

Hast mich nie allein gelassen,
hast mit Blick und Hand geführt
in Entzückung und Gefahr.
Immer hab ich Dich gespürt,
auch wo Deine Hand zu fassen,
meine Hand zu kraftlos war.

Hast mich brüderlich getragen
quer durch rotes Höllenland,
hast an schroffer Felsenwand
Stufen mir herausgeschlagen,
Strick und Kugeln abgewehrt.

Mauern meinem Gang gespalten;
und wie oft ich Dich beschwert,
immer mir die Treu gehalten,
unbedankt und ungegrüßt.

Engel, sei Du mein Geleit,
alle Straßen dämmern wüst.
Engel, reiß mich aus der Zeit.

Engel, führ mich, wie es sei,
einmal noch, dann bist Du frei.
Nimm von meiner Brust den Stein.
Laß mich, Engel, nicht allein!

II.
Laß mich, Engel, nicht allein,
wenn die jüngste Kerze lodert,
aufgezehrt und hingemodert
schwankt und schüttert mein Gebein.
Engel, laß mich nicht allein.

Laß mich, Engel, nicht allein,
wenn die letzte Nacht sich rötet.
Daß den Tod das Leben tötet,
präge jeder Ader ein.
Engel, laß mich nicht allein.

Laß mich, Engel, nicht allein,
wenn die bittren Wasser springen,
bis an Kinn und Lippen dringen,
wandle sie in Hochzeitswein.
Engel, laß mich nicht allein.

Laß mich, Engel, nicht allein,
alle Freunde sind im Weiten,
keiner darf mich mehr begleiten,
Du nur, Du darfst bei mir sein.
Engel, laß mich nicht allein.

Laß mich, Engel, nicht allein,
Führ aus Leib und Sterbehemde
in das ungeheure Fremde,
in den Ursprung mich hinein.
Engel, laß mich nicht allein.

Werner Bergengruen wußte sich unter dem Schutz der Engel. Der Engel war sein Vertrauter, sein Lebensgefährte und Gesprächspartner. Es hieße Bergengruen zu verkennen und nicht mehr ernst zu nehmen, machte auch aus seinem Engel eine literarische Chiffre. Ein Nein-Sagen zur Wirklichkeit des Engels, das wäre für ihn ein Nein-Sagen zur Schöpfung, als deren Teil Engel als Boten und Begleiter zu den Menschen gesandt sind. Bergengruen hat den Engeln jene Eigenschaften zugesprochen, die Maxime seines eigenen Lebens und Glaubens, seiner Sorgen wie seiner Schriftstellerei gewesen sind: Verläßlichkeit und Bescheidenheit. Werner Bergengruen stärkt unseren Mut zum Engel – jetzt und in der Stunde unseres Todes. So ernst war es ihm mit dem Engel.

... in der Kunst

Jede Kunst steht und wirkt unter dem Zeichen der Unzulänglichkeit. Sie befindet sich in einer fast verzweifelten Situation,
in der man das Gottesgebot geradezu als Problemlösung hört:
„Du sollst dir kein Gottesbild machen und keine Darstellung
von irgend etwas am Himmel" (Ex 20,4). Ist auch die Darstellung des Engels in dieses Verbot einbezogen?
Heute stellt sich die Frage: Kann man Bilder des Glaubens
malen? Bilder der Heiligen – Ja. Aber Bilder Gottes, Bilder der Engel? Der englische Schriftsteller Francis Thompson
(1859–1907) hat in „The heart" Kunstwerke „Fragmente dessen, was das Herz erschaut" genannt. Und doch ist es eines
Versuches wert, gerade die Fragmente der Engeldarstellungen
im abendländischen Raum auf sich wirken zu lassen.
Zugespitzt stellt sich heute eine andere Frage: Kann ein glau-
bensloser, kirchenfremder Künstler ein religiöses Bild, eine
religiöse Figur gestalten, vor der gläubige Christen nieder-
knien, brennende Kerzen aufstecken und beten? Um diese
durchaus aktuelle Frage beantworten zu können, muß im
Vorfeld geklärt werden: Bisweilen mutet Gott einem religiös
gleichgültigen Menschen zu, in künstlerisch-schöpferischer
Inspiration Kunstwerke zu schaffen, die im Glauben und Beten durchaus Platz haben. Was ist zu sagen, wenn ein gott-
begnadeter, verheirateter Bildschnitzer allen seinen Marien-
bildern das Gesicht seiner Freundin gibt, die von ihm ein
Kind hat?
Andererseits sollte man die Mahnung ernstnehmen, die der
prominente Künstler Georg Meistermann mutig ausgesprochen
hat: „Die Kirche, die Kunst will, sollte nicht ablehnen, was sie

noch nicht verstanden hat, und nicht verurteilen, was den profanen Künstler quält, bedrängt."[37]

Unübersehbar ist, daß der Engel durchaus ein Thema bei modernen Künstlern ist – bei Georges Rouault (1871–1958), bei Henri Matisse (1868–1954), bei Oskar Kokoschka (1886–1980), bei Marc Chagall (1887–1985), bei Salvador Dali (1904–1989).

Die Revue der Engeldarstellungen bietet einen äußerst präzisen Einblick in den Glauben einer Epoche. Sie erschließt Einblicke in die Mode, in die Haartrachten und Musikinstrumente einer Zeit. Zeiten der Gottesfinsternis waren meist auch Zeiten der Engelfinsternis.

Cherubim oder Amor – Spannungen in der Spätantike

Von dem Darstellungsverbot (Ex 20,4) waren die Engel ausgenommen, wie die künstlerische Gestaltung der Bundeslade (Ex 37,1–9; Dtn 16,1–5) bestätigt. Auf der goldenen Deckplatte der Bundeslade, die im Allerheiligsten des Tempels von Jerusalem stand, waren zwei goldene Cherubim mit langen, herabgesenkten Flügeln angebracht.

Für die judenchristlichen Gemeinden Palästinas war die Grundsatzentscheidung zu fällen, ob künstlerische Darstellungen des Judentums zu übernehmen oder abzulehnen sind. Auch wenn in den Entscheidungen des sogenannten Apostelkonzils (Apg 15,1–29) theologische und pastorale Themen Priorität hatten, so war die Frage der künstlerischen Darstellung aus der Welt des Glaubens alles andere als eine Nebensache, weil die wachsende Christenheit immer mehr Heidenchristen aus nichtjüdischen Kulturen und Religionen zählte.

Eine andere Gestaltung der Engel bot die griechisch-römische Antike in den sogenannten Putten und Amoretten an. Putten und Amoretten sind ein kleines, übermütiges Völkchen. Sollten diese ein Modell sein, die Frohbotschaft des Christentums in der Fröhlichkeit, in der Ausgelassenheit und Sorglosigkeit der vorchristlichen Amoretten darzustellen? Wenn ihr nicht werdet wie die Kinder? Eine antike Katastrophe, bei der der römische Schriftsteller Plinius der Ältere (23–79) ums Leben kam, hat einen authentischen Einblick in die Welt der Amoretten und Putten gegeben. Es handelt sich um den plötzlichen Ausbruch des Vesuvs im Jahr 79 n. Chr., der die Städte Pompeji, Herculaneum und Stabiae mit einer fast sieben Meter hohen Schicht aus Asche und Bimssteinen verschüttet hat. Wie mit einem Schnappschuß liegt vor uns die Erlebniswelt und „Spaßgesellschaft" der Römer, die in diesen Städten lebten. Die Vielzahl der Amoretten- und Puttenbilder auf Wandgemälden und Mosaik-Bildern läßt erkennen, daß viele Menschen der damaligen Epoche es machten und lebten und flirteten und sich betranken wie die Amoretten, die sie so gerne und animierend um sich sahen. Einige Beispiele: In der Casa dei Vetti erblickt man auf einem reich bemalten Fries einen Eroten mit Flügeln, der auf einem römischen Wagen seine Reiterkünste zeigt. In der Casa della Venere, ebenfalls in Pompeji, wird auf einem großflächigen Wandgemälde gezeigt, wie Venus auf einer Elefantenquadriga von flügelflatternden Geistwesen begleitet wird. Im Obergeschoß der Casa di Poseidone e Anfridite ist ein großartiges Wandgemälde zu entdecken, auf dem kein antiker Gott zu sehen ist, wohl aber eine Vielzahl von Amoretten, die als Bogenschützen, Musikanten und Girlandenbinder ein Fest vorbereiten.[38]

Saus, Braus und Untergang Pompejis fanden statt zu einer Zeit, in der in Rom die Apostel Petrus und Paulus gemartert wurden (64/67 n. Chr.). Erst nach der Zerstörung von Pompeji ist die

Endfassung des Johannesevangeliums im kleinasiatisch-ephesinischen Raum niedergeschrieben worden. Auch der theologisch bedeutsame erste Brief des römischen Bischofs (Papstes) Klemens I. (88–97) wurde erst später (um 95 n. Chr.) verfaßt. Es war die Umwelt einer „Spaßgesellschaft", in der Christen lebten und sich Gedanken machten über Gott, den Schöpfer der sichtbaren und unsichtbaren Dinge, also auch der Engel. Sie wußten: Nicht alle dargestellten Geistwesen, die Flügel tragen, sind Engel.

Diese Amoretten tummeln sich zwischen Faunen, Gnomen und Elfen – sehr erdgebunden, oft weinselig, in der Welt eines leidenschaftlichen Eros, der zerstört. Sie sind Erosknaben im Kleinkindalter. Äußerlich ist selbst in Katakombenmalereien nur schwer zu unterscheiden, was eine antike Amorette, was ein christlicher Engel ist. Aber von den heidnisch-antiken Putten und Amoretten ließ sich auf Dauer keine Brücke zu den Engeltraditionen des Alten und des Neuen Testaments bauen. Nach einer Phase der Begeisterung kam es vom fünften Jahrhundert an zu einem massiven, auch theologisch begründeten „Puttensterben".

Wie vor dem Apostel Paulus die theologische Frage zur Entscheidung stand: Gesetz oder Evangelium?, so stand für die wachsende Schar der christlich gewordenen Intellektuellen und Künstler die Frage an: Was ist das Christliche an der altchristlichen Kunst? Was ist das christliche Proprium? Kann oder muß mit den bekannten Darstellungsmöglichkeiten der antiken Kunst auch die christliche Botschaft transportiert werden, so daß altchristliche Kunst als Antike anzuerkennen ist? Daß zumindest in den Anfangszeiten bei der Symbiose von antiker Form und christlichem Inhalt unwillkürlich das antike Element mitgesehen wurde, kann nicht bestritten werden. Gab es in der europäischen Moderne nicht ähnliche Probleme, als man Neger-Songs mit einem deutschen Text verband, um sie in sogenannten Jazz-Messen verwenden zu können? Wer als Jazz-Fan diese Melodien mit englischem Text kannte, hörte oft beim Singen des unterlegten deutschen Textes das ganz andere Anliegen des ursprünglichen Textes mit.

Neue Ansätze in Ravenna

Von den christianisierten Amoretten-Engeln wurde immer deutlicher und härter gesagt, sie seien eine Verfälschung des biblischen Engelglaubens. Sie seien vor allem eine nicht mehr tragbare Belastung des christlichen Engelglaubens. Es ist bemerkenswert, daß politische Ereignisse mitwirkten an diesem Amoretten-Sterben. Dort, wo man – wie in Ravenna – erlebte, daß sich Kaiser einen hochrangigen Hofstaat zulegten, konnte Jesus Christus, der Herr aller Herren und der König aller Könige, auch einen ähnlichen, himmlischen Hofstaat haben.

404 verlegten der weströmische Kaiser Honorius (395–423) und seine Schwester Galla Placidia († 450) ihren Regierungssitz von Mailand nach Ravenna. Nach dem Zusammenbruch des weströmischen Reiches (476) wie auch der Herrschaft der Ostgoten war 200 Jahre (540–751) lang in Ravenna ein Exarch der Stellvertreter des oströmischen Kaisers. Was die Stadt Ravenna mit ihren Kirchen und Palästen, mit ihrer Kunst und mit ihren Mosaiken ist, das sind bis zum heutigen Tag jene zwei Jahrhunderte, in denen Politik und Kunst sich geschwisterlich die Hand der Mäzene gaben.

Von jetzt an haben die infantilen und zur Frömmigkeit keineswegs anregenden Amoretten-Engelchen „ausgespielt". Es ist erstaunlich, wie schnell diese Wachablösung erfolgte. Plötzlich standen Engel in den Mosaiken der Kirchen vor den gläubigen Christen – in San Apollinare in Classe, in San Vitale, in San Apollinare Nuovo, im Mausoleum der Galla Placidia, im Baptisterium der Arianer wie im Baptisterium der Orthodoxen. Wahre Engelprozessionen waren mit dem pilgernden Volk Gottes auf der Wanderschaft.

Die Kaiserliturgie, aber auch die kaiserliche Hofhaltung in Konstantinopel haben die ravennatische Kunst unerhört inspiriert. Mit der politischen Macht von Byzanz strömten byzantinische Kunstformen wie das erforderliche Geld über das Hauptportal Ravenna in die abendländische Kunst- und Frömmigkeitsgeschichte.

In den Kirchen Ravennas haben Putten und Amoretten ausgedient. „Den östlichen Christen schwebte als Maß für religiöse Vorstellungen der konstantinopolitanische Kaiserhof vor. Die Engel an Gottes Thron werden zu würdigen Hofbeamten in goldstarrenden Gewändern, die bewegungslos verharren und nur das Dreimal-Heilig (Trishagion) singen. Da haben natürlich die fröhlichen Kinderspiele keinen Platz mehr."[39]

Von Ravenna aus hat die europäische Engeldarstellung in einer Vielzahl von Varianten Engel ohne Flügel, Engel mit Flügeln, fliegende Engel, Engel mit Gegenständen (Buch, Schwert, Weihrauchfaß, Spruchband) entwickelt. Es fällt auf, daß sie vor allem in den Kirchen Ravennas ihr Heimatrecht haben. Über den Altären in den mosaikgeschmückten Apsiden ist das große Staunen und Beten der Engel vorbildlich für das betende Volk Gottes hier auf Erden. Der in der Heiligen Schrift immer wieder betonte Zusammenklang der irdischen mit der himmlischen Liturgie hat gerade in den Kirchen- und Apsismosaiken Ravennas einen Höhepunkt erreicht, der bis heute richtungsweisend und zu Neuschöpfungen inspirierend ist.

Von der Fülle zur Ekstase:
Gotik und Barock

Herkömmlich umspannt das Zeitalter der Gotik die Epoche von 1150 bis 1500. Seit Jahrzehnten gibt es unter Historikern, Soziologen und Kunstexperten eine offene Debatte, ob man wirklich von einer einheitlichen Epoche der Gotik sprechen kann oder ob es bereits innerhalb dieses Zeitabschnittes einen deutlichen Neuansatz des Denkens, des Lebens und des künstlerischen Gestaltens gibt, und zwar als leidenschaftliche Suche nach neuen Ufern. Es wurde sogar gefragt: Ist in der „Spät"-Gotik bereits Renaissance zu hören? Man sprach von einer Krise des Mittelalters.[40]

Das, was man den „Geist der Gotik" nennt, ist mehr als ein Unbehagen mit der Romanik, mit ihren Kirchenbauten, vor allem mit dem Bild des Christkönigs, der nicht die Dornenkrone, sondern die Kaiserkrone trägt. In dem Prozeß des Suchens war es nicht das Nein zur Vergangenheit, das prägte und drängte. Es war der Versuch, ein Ja zu sprechen zu noch unklaren Konzepten, in denen man eine nordisch-germanische Welle und eine südlich-romanische Welle im breiten Strom der Renaissance zu erkennen glaubte.

Adelige und im Frühkapitalismus reichgewordene Patrizier haben den Kunstmarkt der Gotik belebt und mit ihren ganz persönlichen Intentionen mitgeprägt. Auch der „kleine Mann" konnte in den geheimnisvoll-dunklen Kapellen, die wie ein Kranz die gotischen Hallenkirchen umfingen, „seinen" Heiligen finden und zu „seinem" Gott beten. Mit Recht wurde die Gotik, besonders die Hochgotik, als Ausbruch und Aufbruch des Individualismus und des Subjektivismus bezeichnet.

Über diesem Überschuß an Kraft, über solchem bis zur letzten Erschöpfung sich verausgabenden Einsatz, über dieser Herzenssehnsucht nach „seinem" Jesus steht wie ein Leitmotiv das Wort des Zisterziensermönchs und Abtes, des Kreuzzugspredigers und Mystikers, der allein 25 Jahre seines Ordenslebens auf den Straßen und im Getümmel der Welt zugebracht hat, Bernhard von Clairvaux (1090–1153): „Glühen ist mehr als Wissen."

Von diesem „gotischen Abenteuer" ist auch die Engeldarstellung inspiriert und beflügelt. Majestätische Engel stehen neben verspielten Engelknaben. Engel als musikbegabte Wesen spielen auf den Musikinstrumenten des Mittelalters. Engel nehmen aber auch den Besen in die Hand, um das Haus Marias, der Mutter Jesu, in Ordnung zu halten. Sie helfen in der Küche mit und sind auf Reisen behilflich. In überschäumender Freude gebrauchen sie Spielzeuge, wie sie damalige Patrizierkinder hatten. Der Raum für Scherz, Spiel und auch Schabernack ist für die Engel geöffnet. Mancher Engel scheint auf seine körperliche Schönheit und Eleganz stolz zu sein. Anderen wiederum scheint Essen und Trinken gut zu bekommen, wie ihre körperlichen Rundungen zeigen. Unbekümmert wird die männliche Geschlechtlichkeit der Engel gezeigt. Liebe und Liebelei scheinen Engeln nicht ganz fremd zu sein. Ein Musterbeispiel und Konzentrat spätgotischer Engelfreude sind die Zeichnungen, mit denen Albrecht Dürer (1471–1528) das Gebetbuch für Kaiser Maximilian I. (1493–1519) ausgeschmückt hat.

Mit Peter Abälard (1079–1142),[41] mit seinem Leben und seiner Liebe zu Heloïse und mit seinen harten, theologischen Debatten mit Bernhard von Clairvaux, mit seiner Geistesspannung von Intellekt und Herz, niedergeschrieben in seiner Liebes- und Leidensgeschichte „Historia calamitatum", ist ein neuer, von vielen keineswegs als fremd empfundener Ton im abendländischen Konzert gehört worden. Blieb in dieser „gotischen" Welt und Frömmigkeit noch Raum für die Wirklichkeit, für die Begegnung und Verehrung der Engel?

Auf Bildern, von Adeligen und reichen Patriziern bestellt, waren Engel (etwa bei der Darstellung der Begegnung des Engels Gabriel mit Maria: Lk 1,26–38) in Gestik, Prachtgewandung und Frisur den Bildbestellern angepaßt. Der Engel war einer von ihnen: ein adeliger Engel, ein Patrizier-Engel.

Auf dem Weg vom Kultbild zum Andachtsbild wurde Raum für das Engel-Verständnis des kleinen Mannes geschaffen. Wie überhaupt die gotischen Dome, übervoll mit Bildern und Statuen, für die Analphabeten der damaligen Zeit die biblia pauperum, das Lese- und Erlebnisbuch waren. In dieser Bildkatechese haben jahrhundertelang die Christen Europas die biblisch-kirchliche Botschaft von den Engeln empfangen.

Mit gespitzten Ohren horchte man hin auf die Wallfahrtsstätten, die durch Engel entstanden: Santiago de Compostela, wohin die Reliquien des Apostels und Märtyrers Jakobus des Älteren durch Engel gebracht wurden, und Loreto, wohin das Haus von Nazareth von Engeln getragen wurde (am 9. Mai 1291 nach Dalmatien und schließlich am 7. September 1295 zur heutigen Stelle in Loreto getragen). Diese beiden Engel-Faszinationen haben entscheidend das Engelbild des Hochmittelalters geprägt. Noch heute ziehen Pilgerströme nach Santiago de Compostela wie nach Loreto. Weit verstreut über ganz Europa sind sogenannte Loreto-Kirchen (z. B. in Reutberg bei Bad Tölz).

Vom Engel in der Gotik kann man nicht sprechen, ohne auf die Engel-Darstellungen der Dokumente der ottonischen Kunst aufmerksam zu machen. Unvergeßlich sind diese Engelbilder mit ihren langen Händen und schlanken Fingern, etwa im Perikopenbuch des deutschen Kaisers Heinrich II. (aus dem elften Jahrhundert) oder im Sakramentar des gleichen Kaisers, in dem die Krönungsliturgie dargestellt wird: zwei Engel reichen dem Kaiser die heilige Lanze und das Schwert.

Barock – Schönheit und Ekstase des Engels

Dante Alighieri (1265–1321) hat im achten Sonett seiner Vita Nuova auf ein Liebesengelein Amor hingewiesen, als habe er die geistig-künstlerische Atmosphäre des Barock (etwa 1600–1750) und des Rokoko (etwa 1730–1780) vorausgefühlt:

> *Ich sah dich, Frau, im Kranze*
> *von Blumen zart und fein.*
> *Darüber schwebt im Glanze*
> *ein Liebesengelein.*
> *Das sang so mild und fein.*
> *Siehst du, mein Freund, mich gern,*
> *so lobe Amor, meinen Herrn!*[42]

Nach den schmerzlichen Erlebnissen der Glaubensspaltung und nach den blutigen Religionskriegen (Dreißigjähriger Krieg 1618/48), angesichts der zerstörten und ausgeplünderten Städte und der Todeserfahrungen in den Pestepidemien brach sich eine große Sehnsucht nach Frieden, nach Glück und nach Freude Bahn – im Brauchtum, im Volks- und Kirchenlied, in der reichen Kunst der großen Barockmeister, der Architekten und Maler, der Bildhauer und Stukkateure, der Dichter und Komödienschreiber. Es gibt wenige Epochen, die so überreich mit genialen und vielseitig begabten Künstlern beschenkt war, wie die Zeit des Barock und Rokoko.

Um die bis zum Zerreißen strapazierte Extremspannung der barocken Engeldarstellungen zu veranschaulichen, seien zwei Künstler vorgestellt.

Michelangelo da Caravaggio

Der nach dem Heimatort seiner Eltern benannte, aber in Mailand geborene Caravaggio (1573–1610) war in seinem Leben wie auch in seinem künstlerischen Schaffen ein „enfant terrible". Seine Eskapaden als lebensgefährlicher Rowdy haben ihm ein Leben von nur 37 Jahren beschert. Ohne Zweifel war er als Künstler der naturalistischen Malerei ein Könner, der spielerisch und leichthändig zu künstlerischen Höchstleistungen fähig war. Nie hat er sich den Launen oder gar Befehlen, vor allem nicht dem Moralkodex anderer angepaßt. Ihn kennzeichnete Respektlosigkeit vor institutionalisierter Autorität.

Nach Caravaggio muß ein Engel schön, gefährlich, ja verführerisch schön sein. In dieser Intention malte er einen Engel, der weltberühmt werden sollte. Einen Engel, wie er im 16. Jahrhundert so noch nicht gemalt worden war: einen Engel, der sichtlich stolz war auf seine Schönheit, dem seine Nacktheit Freude machte und der dennoch mit seinen mächtigen Flügeln durchaus als Engel angesehen werden konnte.

Aber Caravaggio war seiner Zeit weit, zu weit vorausgeeilt. Selbst für die Weite und Großzügigkeit der Barockzeit war es zu viel: gewagt, ja unerträglich. Dem Bild seines gemalten Engels, der Lehrmeister im Sündigen sein konnte, gab er den harmlosen und doch alles entlarvenden Titel „Amor als Sieger". Die Theologie des Engels wurde durch den Maler Caravaggio „entmythologisiert". Aus dem Engel wurde ein quicklebendiger „Amor", ein Bote der Liebe.

Caravaggio war menschlich und künstlerisch in seiner Zeit ein Außenseiter. Vor religiöser Feierlichkeit ging er nicht in die Knie. Er fühlte sich provoziert und demaskiert. Ungewollt wurde er zum Anreger und Promotor einer tieferen Überlegung über Gott, über den Glauben und gewiß auch über die Engel.

Gian Lorenzo Bernini

Eine Supervision und allerletzte, nicht mehr überschreitbare Aufgipfelung des Barocks hat der Künstler Gian Lorenzo Bernini (1598–1680) geschaffen. Bei seiner künstlerischen Gestaltung des Jahres 1648, die heute noch als Hauptattraktion in der römischen Kirche S. Maria della Vittoria (letzte Kapelle auf der linken Seite) an der Piazza S. Bernardo zu sehen ist, hat Bernini die Anregung einer Aufzeichnung verwirklicht, die die spanische Karmelitin und Mystikerin Teresa von Avila (1515–1582) in ihrer 1560/62 niedergeschriebenen Autobiographie „Libro de la Vida" (30. Kapitel) hinterlassen hat. Die Textpassage Teresas lautet:

Ich sah ganz nah, neben mir zur Linken, einen Engel in leiblicher Gestalt. Er war nicht groß, sondern eher zierlich und unaussprechlich schön. Sein Gesicht glühte wie von Feuer, als wäre er der höchste Engel, die alle aus Feuerflammen zu bestehen scheinen.

In seinen Händen sah ich einen langen, aus Gold gefertigten Pfeil, an dessen Spitze ein kleines Feuer zu leuchten schien. Es war mir, als durchbohrte er mit diesem Pfeil tief mein Herz und bohrte ihn tiefer hinein in mein Innerstes. Als der Engel den Pfeil wieder herauszog, kam es mir vor, als ziehe er ein Stück meines innersten Herzens mit heraus und als stünde ich ganz in Flammen, so groß war die Liebe zu Gott, die mich durchströmte.

Der Schmerz (beim Herausziehen des Pfeiles) war so gewaltig, daß ich aufstöhnte. Und doch: Die Süßigkeit dieses maßlosen Schmerzes war so selig, daß ich nie und nimmer wünschte, er möge aufhören – und daß die Seele nur in Gott sich zufrieden geben kann.

Es ist dies kein körperlicher Schmerz, sondern er ist geistig, obwohl der Körper an ihm unaufhörlich und sogar in hohem Maße teilhat. Es ist eine so süße Liebkosung zwischen der Seele und Gott, daß ich (Gottes) Güte anflehe, sie jene wenigstens verspüren zu lassen, die denken sollten, daß ich lüge.[43]

Genau dieser Text, der ein Grenzphänomen von Mystik und Eros in höchster Sensibilität und auskostender Direktheit wiedergibt, lag dem Künstler Bernini vor. So kann nur eine maßlos Liebende wie Teresa schreiben: „ ... ein unaussprechlich schöner Engel ... ich stöhnte auf ... die Süßigkeit dieses maßlosen Schmerzes ... süße Liebkosung zwischen der Seele und Gott." Bernini ist genau jener Barockkünstler gewesen, dessen Seelenharfe durch diese religiösen Saitenklänge hellauf entzückt war und geradezu aufjubelte. Nur im Zusammenhang zweier Barockmenschen, der spanischen Ordensfrau Teresa und des italienischen Mannes Bernini, konnte dieser Kraftakt des wohl barockesten Denkmals gelingen. Es ist eine unnachahmliche Gratwanderung einer mystischen und künstlerischen Ekstase in einer Sternstunde der barocken Epoche.

An dieser Ekstase und an diesem Liebesrausch der Herzdurchbohrung scheiden sich die Geister. Das Ganze und jedes einzelne Detail sind gekonnt, meisterlich, sinnlich-leidenschaftlich. Höchster Individualismus und Subjektivismus? Grenzphänomen künstlerischer Gestaltung? Süßer Kitsch oder doch Mysterium? Diese Frau der Barockzeit ist alles andere als eine Bigotte. Sie ist im Gewand einer Karmelitin eine Gott-Liebende mit der Verwegenheit einer Spanierin. Sie hatte von Jugend auf ein ungebrochenes Selbstbewußtsein, so daß sie ihrem Beichtvater durchaus glaubhaft und freimütig gestand: „Ich bin klug, heilig und schön". Gleichzeitig nahm sie die Worte Jesu ernst: „Suche dich in mir". Am Ende ihres Lebens konnte sie trotz aller Turbulenzen mit kirchlichen Instanzen sprechen: „Ich sterbe als Tochter der Kirche".

Wer vom Barock spricht, Barock verstehen will, der muß sich in die Biographie, in das hinterlassene Schrifttum von Teresa von Avila vertiefen. Hier öffnet sich die Tür – zum Abenteuer, zum Wagnis des Barock.

Eine einzigartige Engeldarstellung im Stil des Manierismus bietet der aus Kreta stammende, aber in Spanien wirkende Künstler Dominico Theotocopuli – El Greco (1541–1614). Auf seinen Gemälden mit greller Farbmischung und ungewöhnlicher Bildkomposition zwingt sein Pinsel selbst die Engel in die überschlanken und hageren Greco-Proportionen. El Greco sieht Engel so, wie sie andere nicht sehen.

Angelus Silesius

Volksfrömmigkeit und Mystik der Barockzeit haben unterschiedliche soziologische Charakteristika, anders bei Adeligen, anders beim einfachen Christenvolk. Der flämische, am französischen Königshof tätige Philippe de Champaigne (1602–1674) hat um 1643 ein Gemälde (heute Kunsthalle Hamburg) geschaffen, auf dem der junge König Ludwig XIV. Krone und Zepter Maria mit dem Jesuskind überreicht. Ausgerechnet der spätere Sonnenkönig zeigt unbefangen und kindlich seine Gläubigkeit, seinen Herzenskontakt. Es wird aber auch die damalige Denkweise sichtbar: Gott ist kein ferner, sondern ein naher und menschenfreundlicher Gott. Der Mensch kann Gott erreichen. Er kann mit Gott sprechen. Er kann Gott eine Freude bereiten: Nimm hin, o Herr …

Auf den ersten Blick ähnlich wie die spanische Mystikerin Teresa von Avila, wie der italienische Künstler Bernini und doch ganz anders hat der in Breslau geborene Johann Scheffler (1624–1677), der später den Namen Angelus Silesius trug, den unverwechselbaren Originalton seiner Herzensminne in gereimten Alexandrinern erklingen lassen. Bereits der Titel „Heilige Seelenlust oder geistliche Hirtenlieder der in ihren Jesum verliebten Psyche" (1657, in fünf Bänden) klingt nach Berninis Teresa-Bildnis. Und es ist „das Barocke" bei Angelus Silesius, die damals modische Schäferpoesie mit deutlicher Pfeilspitze „für mich" aufgegriffen zu haben. Seine stark emotionale Herzensminne zeigte er vor allem in der Schrift „Cherubinischer Wandersmann" (1674). Der exklusive Dialog zwischen Gott und Mensch äußert sich bei Angelus Silesius nicht in der Gestalt des Wuchtigen und Rauschenden, sondern in emotionaler Verinnerlichung bis hin zur „Vergottung".

> *Mensch, was du liebst, in das wirst du verwandelt werden;*
> *Gott wirst du, liebst du Gott, und Erde, liebst du Erde.*
> *Wird Christus tausendmal zu Bethlehem geboren,*
> *Und nicht in dir, du bleibst doch ewiglich verloren.*
> *Nichts ist als Ich und Du: und wenn wir zwei nicht sein,*
> *So ist Gott nicht mehr Gott, und fällt der Himmel ein.*
> *Ich weiß, daß ohne mich Gott nicht ein Nu kann leben,*
> *Werd' ich zunicht, er muß von Not den Geist aufgeben.*[44]

Das Menschlich-Allzumenschliche der Engel?

Die Kunst der Barockzeit ist Kunst des Überschwalls, des Schwebens, des Kühnen und Gewagten, eine Kunst, die bis an die Grenze des Darstellbaren ging. Hat sie aber doch in diesen oder jenen Werken diese Grenze überschritten und damit dem Engelverständnis der Christenheit Schaden zugefügt? Nur andeutend kann auf die Engel der schwäbisch-bayerisch-tirolerischen Barockkirchen hingewiesen werden, die an den Altären, vor allem im Sprengwerk, an den Kanzeln und Reliquienschreinen, besonders gern am Musikchor ihr munteres Spiel treiben. Gesund und gut genährt sind sie alle.

Es gibt wohl keine Stimmung – der Freude wie der Trauer –, keine Schelmerei und keinen Bubenstreich, die nicht in den Augen, im Mienenspiel, in den Gesichtern, in den Bewegungen und Instrumenten der Barockengel wiedergegeben wäre! Anbetung und Versteckspiel, Lachen und Weinen, Gebetsversunkenheit und Lausbubenstück – das ganze Spektrum menschlichen Glaubens und Betens, menschlicher Freude und Trauer ist vor den Augen der Christen in der Engelwelt der Barockkirchen entfaltet, ernstgenommen und (wenn auch nicht immer) zur Nachahmung empfohlen.

Die barocke Engelwelt will die Botschaft verkünden: Jeder Christ ist ein gleichermaßen sündiger wie lebensfroher Mensch, der seinen Glauben nicht gefunden hat, wenn er nicht auch die Freude gefunden hat. Wer denkt nicht an jenen oft abgebildeten und gekauften Engel, den Ignaz Günther (1725–1775) für die Kirche in Rott am Inn gestaltet hat, der sich selbst verwegen (hoffentlich schaut niemand zu) den roten Kardinalshut aufs Haupt setzt! Wer erinnert sich nicht an den köstlichen Honigschlecker-Engel, den Joseph Anton Feuchtmayr (1696–1770) für den Bernhard-Altar der Wallfahrtskirche in Birnau so menschlich geschaffen hat!

Wie toll und unfromm es in den Kunstwerken mancher Barockkirchen zugeht, kann daraus ersehen werden, daß selbst der so sittenstrenge „heilige Aloysius in der Ellwanger Jesuitenkirche, von der Himmelsmutter mit überirdischer Liebe begnadet, dem kleinen Amor, dem Rokoko-Vertreter der weltlichen Liebe, einen Fußtritt in das rundliche Gesäß versetzt, daß der arme Kerl niederpurzelt und entfleucht. Es ist die Illusion der Freude, der Glaube des Barocks an das Recht des Menschlichen im Bereich des Ewigen und an die Mittelbarkeit und Mitteilsamkeit des himmlischen, sorglosen, unbeschwerten Glücks ... Diese bewußte oder geglaubte Heiterkeit des Göttlichen soll sich im religiösen Bereich des Barocks widerspiegeln."[45]

Den Barockengeln gelingt das majestoso ebenso gut wie das furioso. In manchen von ihnen scheint ein kleines Teufelchen zu stecken. Wie heißt es doch so schön und ehrlich in Wiener Liedern: A bisserl a Liab, a bisserl a Treu und a bisserl a Falschheit ist doch immer dabei!

Putten wozu?

Raffaelo Santi

Noch ein kurzes Wort zu jener Form von Putten, die vom Jahr 1500 an, vor allem in der Barockzeit, eine äußerst beliebte Engeldarstellung war. In der frühchristlichen Zeit haben die antiken Amoretten die Darstellung von Engeln im Kindesalter angeregt. Vom sogenannten „Herbst des Mittelalters" (Johann Huizinga) an taucht eine andere Darstellung von Engeln im Kindesalter auf. Diese ist etwa auf dem Gemälde der Sixtinischen Madonna von Raffaelo Santi (1483–1520) zu sehen (heute in der Gemäldegalerie in Dresden). Am unteren Gemälderand befinden sich zwei jugendliche Engelköpfe, die viele Jahrhunderte das Engelporträt bestimmt haben, vor allem im Farbdruck aufgeklebt auf weihnachtlichen Lebkuchen.

Erstaunlich ist das Wort von Pablo Picasso (1881–1973) über diesen Künstler, der auch die Nazarenerkunst inspiriert hat: „Raffael – das ist der ganze Himmel; welch heitere Gelassenheit in seinen Linien, welche Beherrschung! ... Leonardo da Vinci verspricht den Himmel, Raffael gibt ihn uns."[46]

Auf dem Kultbild der Sixtinischen Madonna, rechts die heilige Barbara und links Papst Sixtus IV. (1471–1484), ein Mäzen Raffaels, sind die Höhe der Renaissancekunst wie die ersten Ansätze der Barockzeit zu erkennen.

Kindische Engel?

Der Name kommt aus dem Italienisch-Toskanischen „putto" (= Kleinkind). Putten wollen mehr sein als getaufte Amoretten der Antike. In dem als Kleinkind gestalteten Engel soll uns das mysterium fascinosum, nicht das mysterium tremendum Gottes begegnen: der Gott der Güte, der Menschenfreundlichkeit, der Barmherzigkeit, der himmlischen und grenzenlosen Liebe. Über Giotto und Donatello führt der Weg zur Kind-Engel-Darstellung des Peter Paul Rubens (1577–1640) und seinem Gemälde „Jesuskind mit Kindern", gestaltet 1615/20 (heute im Kunsthistorischen Museum in Wien).

Diese Engel scheinen im Kindesalter steckengeblieben zu sein – in ewiger Jugendlichkeit, in ansteckender Kindlichkeit und Fröhlichkeit.

Eine einzigartige und noch dazu eine authentische Deutung der Putten bietet das von Egid Quirin Asam (1692–1750) geschaffene Kreuz, das sich im Dom zu Freising gegenüber der Kanzel befindet. Zu jeder der fünf Wunden des Gekreuzigten hat er je eine Putte gestaltet und plaziert, die als kleiner und geflügelter Trauerengel den Tod Jesu beweint. Diese Trauerengel wollen Impuls- und Meditationsanreger für den Betrachter sein. Dieser soll nicht nur ein barockes Kunstwerk betrachten. Er soll darüber hinaus ganz persönlich der fünf Wunden Jesu gedenken, sich vor allem besinnen: Auch ich habe durch meine Sünde Mitschuld an der Kreuzigung Jesu Christi, am Skandal des Kreuzes. Geflügelte Kinderengel – Impulsgeber einer theologia crucis: Das hast du für mich getan. Was tue ich für dich, für deine Botschaft, deine Kirche?

Es gibt sicherlich Freudenengel der theologia gloriae, der Mitfreude, des Erfolges, unseres Lebensglücks. Putten als Kinderengel wollen uns gewiß auch erinnern: In jeder Situation und an jedem Ort unseres Lebens sind wir dir nahe und verstärken deine Gebete und Kontakte mit Gott. Mit den Kinderengeln war aber auch ein anderes Problem gelöst. Putten, dargestellt mit Engelkopf und zwei Flügeln, haben keinen Leib. Mit dieser Leiblosigkeit erübrigt sich die Frage nach dem Geschlecht der Engel. Kinderengel ergehen sich nicht in intellektuellen, spitzfindigen Disputen. Mit Blaise Pascal suchen und lieben sie Gott mit ihrem Herzen: Wenn ihr nicht werdet wie die Kinder ... Sie lehren auch das Schweigen in einer Welt der Geschwätzigkeit, des Aneinander-Vorbeiredens. Wie gut, daß es auf weihnachtlichen Lebkuchen noch diese Kinderengel zu sehen gibt. Sie könnten für alle eine je ganz besondere und aktuelle Botschaft haben.

Moderne Versuche: Barlach und Chagall

Unberührt von industriellem Engelkitsch einerseits wie auch von Engelskepsis und Engeleuphorie bis hinein in kirchliche Gremien andererseits sind viele Künstler der Moderne mutig und gläubig den Weg ihrer schöpferischen Begabung, ihres inneren Auftrags, gewiß auch in Mitsorge und Mitverantwortung für Gegenwart und Zukunft gegangen. Kaum bekannt ist, daß in Künstlerkreisen der Stellenwert des Religiösen erstaunlich hoch ist, daß sogar Fragen der Mystik (wie etwa im Künstlerkreis der Blauen Reiter von Murnau) Leben und Werk vieler Künstler bestimmte.

„Rede nicht, male!", so sprach Salvador Dali. Zu seinem Gott sprach der aus dem jüdischen Chassidismus kommende Marc Chagall: „Ohne dich wäre ich nicht Künstler geworden!" In einem seiner Gedichte steht der Satz: „Wie Christus bin ich gekreuzigt, mit Nägeln an die Staffelei geheftet". Wassily Kandinsky sagte: „Die wirklich reine Kunst stellt sich in den Dienst des Göttlichen". Paul Klee, der lyrische Maler der Moderne, sagte von seinem Schaffen: „Kunst gibt nicht das Sichtbare wieder, sondern macht sichtbar".

Wäre nicht gerade dieser Satz von Paul Klee Fundament und Kriterium jeden Versuches, Engel in irdischer Kunst darzustellen? Wie Friedrich Nietzsche seinen Zarathustra sprechen läßt: „Zarathustra, du bist frömmer als du denkst" und damit ein Selbstporträt skizziert hat, so ist auch hinter dem oft nicht verstandenen, aber durchaus wahrhaftigen Suchen moderner Künstler eine geradezu nackte Ehrlichkeit gegenüber dem Ewigen im Zeitlichen und dem Unsichtbaren im Sichtbaren unverkennbar.

Der Barlach-Engel

Kein Engel der Kunstgeschichte hat eine so stürmische Geschichte des Bildersturmes, der Diffamierung und der Zerstörung, aber auch eine kaum erwartete Geschichte der Rehabilitierung und der Auferstehung erlebt, wie das Kunstwerk des wohl größten Expressionisten, Ernst Barlach (1870–1938). Seit 1927 schwebte dieser Engel über dem Ehrenmal der Opfer des Ersten Weltkrieges im Dom von Güstrow/Mecklenburg. Am Schicksal des Barlach-Engels läßt sich die erschütternde und brutale Geschichte der Kunst im Dritten Reich nachlesen. Barlach war verfemt. Seine Werke zählten zur „entarteten Kunst". Ernst Barlach war ein Multitalent: Bildhauer, Graphiker, Dichter. Er war in seinen Dramen vor allem ein Gottsucher. Er hat mit seinen entstehenden Kunstwerken lange, lange Zwiesprache gehalten, wie dies nachzuempfinden ist in seinem 1926 geschaffenen Werk „Das Wiedersehen" (Christus und Thomas). Sein Domengel zeigt höchste, abstrahierende Einfachheit. Die Augen sind, allem Irdischen enthoben, geschlossen, als befände sich der Engel in tiefer Meditation, als erlebte er das Gottesgeschenk einer Vision. Das Gesicht ist kein Porträt, wenngleich man die Züge einer Frau, mit der Ernst Barlach befreundet war, durchaus erkennen kann. Diese Frau hat sein Begräbnis bezahlt. Diese Frau schritt hinter seinem Sarg, wohl wissend, daß Barlachs letzter Weg 1938 mit allen Worten, die gesprochen worden sind und mit allen Weggefährten der Treue, die ihn zum Grab begleiteten, von Nazis bespitzelt wurde. Diese Frau war – Käthe Kollwitz (1867–1945).[47]

Der Barlach-Engel wurde am 24. August 1937 aus dem Güstrower Dom entfernt. 1941 landete er bei einer Berliner Schrottfirma, die schriftlich bestätigte: „Bronzefigur, 250 Kilogramm, zum Zweck der Einschmelzung für die Wehrwirtschaft". Ein Werkmodell aus Barlachs Werkstatt erlebte, in Kisten verpackt, eine abenteuerliche Reise und überlebte unbeschädigt den Krieg. Ein Abguß des schwebenden Engels hängt seit dem 8. März 1953 an der alten Stätte im Dom zu Güstrow.

Es muß wohl Gottes gnädige Hand selbst gewesen sein, die sich des Barlach-Engels erbarmte und ihn rettete. Ein Engel, der viel mehr zum Nachdenken anregt als so manches herzige Barockengelchen.

Marc Chagall

Kinder und Narren, so das Sprichwort, sagen die Wahrheit, wenn sie etwa sprechen: Ich seh etwas, was du nicht siehst. Aber wie sag ich's?

Maler der naiven Kunst, aber auch Expressionisten, selbst Surrealisten könnten sich in dieser Situation wiederfinden. Kaum ein anderer Künstler der Moderne hatte die Fähigkeit zu sehen, was andere nicht sehen, wie Marc Chagall (1887–1985). Entscheidende Impulse dieses Sehvermögens hat er aus seinem jüdisch-chassidischen Glauben, aus der mit staunender Ehrfurcht gelesenen Bibel empfangen. Er wurde so zum modernen künstlerischen Botschafter der Bibel, auch der Engel.

Was von Paul Klee (1879–1940) und Franz Marc (1880–1916) von der Kunst als „Sichtbarmachung" gefordert wurde, war bei Marc Chagall Grunderfahrung seines Lebens. In seinem Realitätsverständnis ist das Diesseits nicht vom Jenseits durch eine Mauer getrennt. Das Diesseits ist immer offen für das Jenseits, weil es nur eine einzige Welt gibt. Überirdische und Irdische begegnen sich. „Wir sind mit dem Unsichtbaren näher als mit dem Sichtbaren verbunden" (Novalis). Das Immanent-Geschichtliche erlebt nicht gelegentliche Einbrüche des Transzendenten. Vom Standort dieses übergreifenden und offenen Weltverständnisses hat Chagall geschrieben: „Nennt mich nicht einen Phantasten. Im Gegenteil, ich bin ein Realist".[48] Chagalls Malerei ist poetisch und narrativ, weil sie im Betrachter weiterzuerzählen beginnt. Es ist eine Malerei, die das Prädikat der Schöpfung: „Und Gott sah, daß es sehr gut war" (Gen 1,31) trägt. Sie ist von religiös ansteckender Heiterkeit in mystischer Dimension.

Zu den zentralen Erfahrungen des im russischen Witebsk geborenen frommen Juden und begabten Künstlers Marc Chagall gehörte die Glaubens- und Bilderwelt der Bibel. Mit geradezu aphoristischer Leichtigkeit und viel Gefühl für Paradoxes hat er fliegende Kühe, Menschen mit Eselsköpfen, Kühe mit Sonnenschirmen, Esel mit Geigen und immer wieder Gegenstände aus dem religiösen Judentum (Schofarhörner, Torarollen, siebenarmige Leuchter) gestaltet und schwerelos durch die Luft gewirbelt. Seine Farben und Flächengestaltungen sind Ausdruck von Seelenzuständen, Glaubenserlebnissen.

Eine herausragende Stellung und Bedeutung nimmt im Werk Chagalls der Engel ein. Was Marc Chagall malt, ist alles andere als eine Märchenwelt. Er wehrt sich vehement gegen diese Deutung: „Ich bin gegen Begriffe wie ‚Phantasie' und ‚Symbolismus'. Unsere ganze innere Welt ist Wirklichkeit, vielleicht realer, als die Welt der Erscheinungen."[49] Liebespaare und Engel, Geiger und Zirkusleute im wirbelnden Durcheinander sind für ihn ebenso real wie auf seinem Werk „Der gehäutete Ochse" (1947).

Der Engel ist nach Chagall keine erfundene Märchen- oder Symbolfigur, durch die die Kommunikation zwischen Gott und den Menschen hergestellt wird. Der Engel ist für Chagall nicht ohne Gott, nichts ohne Gott. Er ist, gerade in Chagalls jüdisch-chassidischem Glauben, Sichtbarwerdung Gottes. Er nimmt daher am Wesen, an der Goldfarbe Gottes teil. „Gott ist Licht, und keine Finsternis ist in ihm" (1 Joh 1,5). Mit der Bibel bringt Marc Chagall den Engel dadurch in Beziehung zu Gott, daß er ihn in Beziehung zum Licht bringt (Offb 18,1).

Nicht der Engel hat eine Botschaft. Er ist ganz und ausschließlich Überbringer der Botschaft Gottes. Daher trägt auf Fenster 6 der St. Stephan-Kirche in Mainz[50] der Engel in beiden Händen das zu den Menschen hin geöffnete Buch Gottes. Der Engel spricht nicht sein Wort. Er bringt unverfälscht Gottes Wort. Im Fenster 1 und im Fenster 5 hat Marc Chagall den Engel doppelgesichtig dargestellt und damit dessen beide Funktionen verdeutlicht: Verehrung und Liturgie Gottes (Mt 18,10) und Künder der Botschaft Gottes (Gal 3,19; Hebr 2,2; Offb 10,8–9). Der Engel ist aber, gerade weil er die göttliche Botschaft verkündet, immer auch Helfer, Beschützer und Weggeleiter der Menschen (Ex 23,20–21; 33,1–2; Tob 5,17; 11,14; Ps 91,11–12; 103,20–21; 2 Makk 15,23; Dan 6,23). Der Engel will und hilft mit, daß Gottes Wort verwirklicht wird.

Mit dem Engel, wie ihn Marc Chagall sieht und malt, enthüllt und vergegenwärtigt Gott sein Licht (kabód) vor seiner Schöpfung, vor Tieren und Pflanzen, vor allem vor den Menschen. In goldgelbem Licht gestaltet (Ps 36,10) ist der Engel „der Widerschein des ewigen Lichtes" (Weish 7,26.30).

Der jüdische Maler Marc Chagall ist gerade mit seiner Malerei ein Geschenk auch für Christen, für alle Menschen, die berührt sind von Irritationen des Religiösen. Chagall markiert eine Sternstunde des Engelverständnisses im gesamteuropäischen Raum – weit über die Kunstgeschichte hinaus. Bei Marc Chagall vergißt man jeden noch so süßen Engelkitsch. Hier ist der Engel anzutreffen, dem man in Freud und Leid begegen will und an dessen Hand man sich geleiten läßt zum Gott der Güte und Menschenfreundlichkeit, der Barmherzigkeit und des Verzeihens – zu einem Gott, der Ewigkeit ist und Ewigkeit schenkt.

... in der Musik

Als die Engel singen lernten ...

Im Alten wie im Neuen Testament wird von den Engeln geschrieben, daß sie zu Einzelmenschen und zu Menschengruppen mit hörbaren und verstehbaren Worten gesprochen haben. Ist den Engeln auch die Gabe des Gesangs gegeben?
Engel sind ein sangesfreudiges und hochmusikalisches Völkchen (Lk 2,13–14). Das Gloria war ein mächtiger Chorgesang über den Fluren Bethlehems.
Wenn auch an keiner Stelle von den Engeln berichtet wird, daß sie Musikinstrumente spielten, so paßt es durchaus in das biblische Engelbild, daß Engel auch in die Saiten greifen, Blasinstrumente spielen und mit Pauken und Trompeten das Lob Gottes verkünden. Wer denkt nicht spontan an die vielen Engel, denen Marc Chagall eine Fidel oder ein anderes Musikinstrument in die Hand gegeben hat!
Wie amüsant und einfühlsam in die himmlische Musik hat Karl Barth (1886–1968) geschrieben: Wenn Engel vor Gott musizieren spielen sie Bach. „Wenn sie aber unter sich sind, spielen sie Mozart und dann hört auch der liebe Gott besonders gerne zu".[51]
Jean Paul (1763–1825) hat von der Musik als „Nachklang aus einer entlegenen harmonischen Welt", von einem „Seufzen des Engels in mir" gesprochen.

Musik im Alten Testament

Das Alte Testament ist keine Partitur. Sein Charakteristikum ist das Wort – die Wortgeschichte zwischen Gott und den Menschen: „Und Gott sprach". Bemerkenswert früh wird in der Bibel genannt „Jubal; er wurde der Stammvater aller Zither- und Flötenspieler" (Gen 4,21). Das jüdische Volk war gewiß auch ein musikfreudiges Volk. Bei allen freudigen und traurigen Anlässen erklang Musik, begleitet von Instrumenten und von Händeklatschen. Zum Erlebnis der großen Festfeiern und Liturgien im Tempel von Jerusalem gehörten die von Tausenden gesungenen Psalmen, unterstützt von schallender Instrumentalmusik.

Bescheidener war die liturgische Gestaltung der jüdischen Gottesdienste in den vielen Synagogen. Hier prägte das Wort der Lesung wie das erklärende Wort der Homilie. Die Psalmen wurden im Wechselgesang gesungen, jedoch ohne Instrumentalmusik, die dem Tempel in Jerusalem vorbehalten war.

Folgende Musikinstrumente werden im Alten Testament genannt:

Saiteninstrumente: Leier (kinnor) – Zither (asor) – Harfe (nebel);
Blasinstrumente: Flöte (halil, ugab) – Trompete (hazozera) – (Widder-)Horn (schophar);
Schlaginstrumente: Glöckchen (paaminim) – Klapper/Rassel (menaanim) – Zymbel (mesiltajim) – Handpauke (toph).

König David (1000–961) wird gepriesen als „Sänger der Lieder Israels" (2 Sam 23,1; Sir 47,9). Man erlebt förmlich die überschäumende Freude mit, wenn von der Überführung der Bundeslade geschrieben steht: „David und ganz Israel tanzten und sangen vor Gott mit ganzer Hingabe und spielten auf Zithern, Harfen und Pauken, mit Zymbeln und Trompeten" (1 Chr 13,8).

Da die alttestamentliche Liturgie im Tempel von Jerusalem und in den vielen Synagogen (vor allem die Qumran-Liturgie) ihren

Höhepunkt im Zusammenklang der irdischen mit der himmlischen Liturgie erblickte, war es selbstverständlich, daß die Engel mit gleichen Gesängen in Dur oder Moll und mit gleichen Musikinstrumenten in das Loblied der irdischen Liturgie einstimmten. Kaum wurde nachgedacht, ob Engel darüber hinaus auch andere Musikinstrumente zur Verfügung standen, wie sie etwa bei anderen Völkern oder in modernen Orchestern anzutreffen sind …

Das neue Lied

Erlösung durch Jesus, den Christus, ist mehr als die Erlösung der Menschen aus Sünde und Schuld. Alle Dimensionen der Schöpfung, die schuldlos hineingerissen wurde in die Gottesferne (Röm 8,19–22), sind hineingenommen in einen gewaltigen und totalen Umgestaltungsprozeß, den der Apostel Paulus mit Recht „Neu-Schöpfung" (2 Kor 5,17) genannt hat. Eine Spitzenfunktion in dem umgestalteten Universum kommt dabei der Welt der Engel zu. Was im Alten Testament über die Existenz und Wirksamkeit der Engel nur angedeutet wurde, wird in voller Entfaltung im Neuen Testament aufgezeigt.
Die Engel zeigen die Sinn- und Gebetsrichtung der ganzen Schöpfung auf: Omnia ad majorem dei gloriam! – Alles zur größeren Ehre Gottes!
„… die Engel loben deine Herrlichkeit, beten dich an die Mächte, erheben die Gewalten. Die Himmel und die himmlischen Kräfte und die seligen Seraphim feiern dich jubelnd im Chore. Mit ihrem Lobgesang laß auch unsere Stimmen sich vereinen und voll Ehrfurcht rufen: Heilig …" (Präfation).
Der Erlöste, der mit der Freude und Freiheit der Kinder Gottes erfüllt ist und immer wieder von Gottes Frohbotschaft beglückt wird, jubelt in der „Gemeinschaft der Heiligen" (d. h. in

der Gemeinschaft der von Gott Geheiligten) seine Freude, seine Dankbarkeit heraus (Apg 2,42–47). „Laßt in eurer Mitte Psalmen, Hymnen und Lieder erklingen, wie der Geist sie eingibt. Singt und jubelt aus vollem Herzen zum Lobe des Herrn!" (Eph 5,19; Kol 3,16; Jak 5,13).

Das „neue Lied" (Offb 5,9; 14,3) der Christen ist nicht nur das Singen und Jubeln der Erlösten. „Flöte und Harfe verschönern das Lied, doch mehr als beide eine reine Stimme" (Sir 40,21). Das „Neue" ist der Verzicht auf die laute und lärmende Instrumentalmusik der Tempelliturgie von Jerusalem. Das neue Lied der Christen, des Neuen Bundes, ist ausschließlich die Vokalmusik, die sich inspirieren läßt von den Impulsen, „wie der Geist sie eingibt" (Eph 5,19).

Nicht auf Klangfülle und imponierende Klangentfaltung der musikalisch-anthropozentrischen Tempelmusik legte das Ur- und Frühchristentum Wert. Das „Neue" des christlich-liturgischen Gesangs ist eine Auszeichnung, ein letztes Gnadengeschenk Gottes an die Erlösten. Das liturgische Singen des Gottesvolkes ist zunächst und zuerst ein aufmerksames Hineinhören und ein Sich-Einstimmen in die Melodien des Himmels. Erst dann ergibt sich der Wohlklang und die Fülle der harmonia mundi – als Mitsingen-Dürfen der erlösten Menschen, des erlösten Kosmos mit den Chören und Gesängen aller Engel und Heiligen – „damit Gott in allem verherrlicht wird" (1 Petr 4,11).

Mönchschöre und Himmelsgeister

Nur ein musischer, nur ein musikalischer Mensch weiß um diesen harmonischen Zusammenklang der irdischen Lobpreisung mit dem Jubel des Himmels. Nur wer selbst daraus lebt und seine Kraft schöpft, gibt ihm in seinem Werk jenen Raum, in

dem er sich voll und ganz entfalten kann. Wer würde als An-
leitung des rechten Betens und des liturgischen Singens hin-
weisen, sich zu betragen, „wie man sich in der Gegenwart der
Engel benehmen soll?"

In seiner Regula hat Benediktus von Nursia (480–547) dem ge-
meinschaftlichen Gebet Ordnung und Tiefe in den Kapiteln 8
bis 20 gegeben: „Denken wir daran, wie wir uns in der Gegenwart Gottes und seiner Engel benehmen sollen, und stehen wir
so beim Chorgebet, daß unser Geist im Einklang sei mit unserer Stimme" (19. Kapitel). Eindeutig ist die Priorität festgelegt:
„Nichts soll dem Gottesdienst (opus dei) vorgezogen werden"
(43. Kapitel).

Es geht Benediktus nicht darum, jede Woche den ganzen Psal-
ter mit den 150 Psalmen nur zu beten, zu rezitieren, herunter-
zubeten. Er legt sehr genau fest, wieviele und in welcher Reihenfolge „die Psalmen zu singen sind" (17. und 18. Kapitel).
Gewiß hat sich Benediktus von Athanasius (295–373) inspirieren lassen, der in einem Brief an Markellinos schrieb: „Wer
schön psalliert, bringt seine Seele in harmonische Schwin-
gung".

Das Geheimnis des
Gregorianischen Chorals

Papst Gregor I., der Große, hat nicht nur eine Biographie des
Ordensgründers Benediktus von Nursia in seinen „Dialogi"
(2. Buch) hinterlassen. Zwischen ihm und dem Ordensgrün-
der muß es eine musikalische Seelenverwandtschaft gegeben
haben. Auch ihm muß der einzigartige Zusammenklang der irdischen mit der himmlischen Liturgie zutiefst fasziniert haben:
Das Volk Gottes auf Erden singt zusammen mit den Chören
der Engel und Heiligen das gloria dei. Seine Sorge um die li-

turgischen Gesänge der Kirche, die er sammeln ließ, haben sich niedergeschlagen in dem Namen „Gregorianischer Choral".

Mit dem Namen des Papstes Gregor I., des Großen (540–604), wird ein Weiterklingen des einstimmigen Singens diatonischer Melodien ohne Takt und ohne begleitende Instrumentalmusik verbunden. Der kirchliche Choral hat Epochen des Frühlings und der Begeisterung, aber auch Epochen des Herbstes und Winters, der Ablehnung und der Verwerfung erlebt.

Erst in unserer Zeit beginnt man wieder die religiöse, die individuelle wie die soziale und gewiß auch die therapeutische Wirkung des Chorals neu zu würdigen. Der französische Komponist Olivier Messiaen (1908–1992), der den Choral „das tägliche Brot" der Christenheit nannte, schrieb: „Nur Choralgesang besitzt all die Reinheit, die Freude und die Leichtigkeit, die für den Flug der Seele zur Wahrheit nötig sind".[52]

Welch einzigartige Bedeutung der Choral, ganz allgemein Musik für das Gespräch mit Gott hat, wurde von Olivier Messiaen in seiner einzigen Oper „Saint François d'Assise" (fünftes Bild, Nr. 98) in einer einmaligen Symbiose von Text und Musik uns allen geschenkt, und zwar durch die Stimme eines Engels: „Gott blendet uns durch die Fülle an Wahrheit. Die Musik trägt uns zu Gott durch den Mangel an Wahrheit. Du sprichst durch die Musik zu Gott: ER wird dir durch die Musik antworten. Kenne die Freude der Seligen durch die Zartheit von Farbe und Melodie. Und mögen sich dir die Geheimnisse, die Geheimnisse der Herrlichkeit eröffnen! Höre diese Musik, die das Leben auf die Himmelsleiter erhebt, höre die Musik des Unsichtbaren".[53]

Der einstimmige Gregorianische Choral ist wie ein breiter Strom, in dem viele Menschen sich bewegen. Zwei Menschen können den gleichen, einstimmigen Choral singen, und doch hat jeder seine ureigenen Erlebnisse, die in den gleichen Choralgesang einschwingen und die durch den gleichen Choralgesang zu unterschiedlichen Tröstungs- und Heilungsprozessen führen. in einer Epoche, in der von Psychotherapie so viel geredet wird, hat die Kirche beinahe die gottgeschenkte Therapie des Chorals vergessen, mißachtet. Ist der Choral ein Fremdkörper der „Kirche in der Welt von heute" (Pastorale Konstitution über die Kirche in der Welt von heute „Gaudium et spes" vom 7. Dezember 1965) – ausgerechnet der Choral, der als heilende und festigende Therapie für die Balance von Einzelchrist und Volk Gottes sich anbietet?

Neben diese innerweltlichen musik- und heilpädagogischen Wirkungen könnte der Gregorianische Choral der „Einladung" des christlichen Glaubens und Lebens in der postchristlichen Zeit der religiösen Vertrocknung und Glaubensgleichgültigkeit einen wertvollen, überaus notwendigen Dienst erweisen. Der Choral öffnet die Tore in eine „andere" Welt, in die Welt des Jenseits, der Engel und Heiligen.

Diese Welt des Jenseits, der Engel und der Heiligen ist nicht unerreichbar, weit von uns entfernt. Die Mauern zwischen Diesseits und Jenseits sind aufgebrochen. Eine neue Ahnung von diesem unsichtbaren Reich, in dem wir leben, Engel begegnen und mit Engeln singen, kann ein Geschenk des Gregorianischen Chorals sein. Wir sollten zu diesem Wagnis Mut haben. Wir werden staunen, zu welchen Einsichten und Begegnungen wir gelangen.

Paul Hindemith hat auf dem Bachfest in Hamburg am 12. September 1950 gesagt: „Die römische Kirche besitzt im Gregorianischen Choral einen unschätzbaren musikalischen Fundus, der sich niemals beseitige drängen ließ, der allen neu herzustellenden Kirchenkompositionen als Maß und Vorbild diente und wahrscheinlich auch in der Zukunft immer wieder regulierend auf die neue Produktion einwirken wird."[54]

Ist der Choral „musica perennis"? Man würde dem Wirken des Heiligen Geistes und der Schar der musizierenden Engel keine weiteren schöpferischen und überraschenden Impulse zumuten, wenn die Vergangenheit Gegenwart und Zukunft wäre. Der Gregorianische Choral wird im vielstimmigen Konzert der Völker und Kulturen, auch ohne die bisher verbindliche Dur-Moll-Tonalität und in neuer, ungewohnter Mischskala ein deutlich hörbarer Grundton liturgischer Musik bleiben. Der Gregorianische Choral – eine gesungene Ikone!

Von der Barockkulisse zum Gospelsong

Zu den früheren Ausführungen über die Engel in der Barockliteratur ist unter dem Blick der Barockmusik die Wirksamkeit der Engel eine interessante und gewiß auch erstaunliche Ergänzung. Gegenwärtig erleben Barockkunst und Barockoper eine Phase der Renaissance, eines ganz neuen Interesses.
Die Epoche des Barock, früher als „Zopfstil" bezeichnet, hat oft keine gute und positive Bewertung. Sie wird als anthropozentrisch, verspielt, vordergründig, seicht, diesseitig, verzückt und bigott bezeichnet. Die neue Beschäftigung mit der Barockepoche des 17. und 18. Jahrhunderts hat den Barock als Gesamtkunstwerk sehen und schätzen gelehrt. Für barocke Künstler – Maler, Bildhauer, Architekten, Musiker, Gartenmeister – wird alles Kunst, und zwar in einem offenen, dreidimensional geordneten Weltbild: Himmel – Erde – Hölle. „Die Grundkunst des Barock ist ... die Musik ... Die Schöpfung klingt auf; die Evangelien werden zu Gesang, die Passion zur Oper ... Der Glaubensgehalt wird mehr durch die Musik als durch das Wort, nicht zuletzt durch das Kirchenlied ... realisiert."[55]
Der barocke Mensch hört aus dem Jenseits die Sphärenmusik wie auch die Schreie der Verdammten.

Der Christ der Barockzeit erlebt in seinen Kirchen die ganzheit-
liche Welt, in der über alle und trotz aller Dissonanzen ein tra-
gender und bleibender Kontrapunkt der Harmonie zu hören ist.
Was Liturgie und Volksfrömmmigkeit des Ur- und Frühchristen-
tums prägte, was Fundamentalwissen des Gregorianischen Chorals war und blieb, hat in der Barockzeit eine Wiederbelebung
der Ortho-Doxie und eine intensive Einübung der Ortho-Praxis
in einer Fülle von Ausprägungen erfahren.

Am Beispiel der Deckenfresken der Barockkirchen kann dies
jeder heutige Besucher erleben. Diese Deckenfresken zeigen
einen offenen Himmel. Der liturgische Raum ist offen, gibt den
Blick frei für die gleichzeitigen Geschehnisse im Himmel.
Kaum zu zählen ist neben den Hauptgestalten des dreifaltigen
Gottes und der Heiligen die bunte Schar der Engel, die verstreut sind über das ganze Deckengemälde. Engel, bald lustig,
bald traurig. In unterschiedlichen Rollen und Aufgaben: als Mi-
nistranten, als Musiker, als Schleppenträger, als Träger des
Weihrauchfasses oder der Kerzen, als Pagen, als Blumen-
streuer, als erstaunte Zuschauer. Aber auch manchen Schabernack treiben Engel im Himmel – wenn einer ganz heimlich
sich einen roten Kardinalshut aufsetzt oder aus einem Bienen-
korb den Honig schleckt. Auch als Wolkenschieber und Blitze-
schleuderer sind Engel eingesetzt. Verschmitzt schießen sie
manchen Liebespfeil in die Herzen der Verliebten. Das thea-
trum mundi des Diesseits ist einbezogen und vernetzt mit dem
Geschehen der jenseitigen Welt.

In dem ganzheitlichen Weltbild der Barockzeit haben Engel ihren Stammplatz. Mit dem Engel steht der barocke Christ auf
Du und Du. Weil diesem Engelbild das furcht- und schrecken-
erregende Element der Bibel fehlt, bestand die Gefahr der Ver-
kitschung, der Infantilisierung des Engels. Vielleicht mußte die
gleichzeitige Aufklärungphilosophie harte Anfrage und kritische Einwände anmelden – erinnert sei nur an Immanuel Kant

mit seinem Werk „Die Religion innerhalb der Grenzen der blo-
ßen Vernunft" (1793) –, um den barocken Engelglauben von
hinderlichem Ballast zu befreien und den biblisch fundierten
Engelglauben für die Zukunft zu retten.

Abends wenn ich schlafen geh ...

Vom Engel in der Musik kann man nicht sprechen, ohne an Engelbert Humperdinck (1854–1921) und seine Märchenoper
„Hänsel und Gretel" zu erinnern (Uraufführung am 23. Dezember 1893 in Weimar durch Richard Strauss). Sehr bald ist
diese Oper „die" Weihnachtsoper vieler Opernhäuser geworden. Richard Strauss, der Dirigent der Uraufführung, nannte
diese Märchenoper „ein Meisterstück erster Güte ... welch
herzerfrischender Humor, welch köstlich naive Melodik, welch
Vollendung in der Gestaltung des Ganzen, welch prachtvolle
Polyphonie".[56]
Weltbekannt und auch von vielen Kinderchören begeistert gesungen ist das Abendgebet, in dem Hänsel und Gretel in der
finsteren Nacht sich des Schutzes von 14 Engeln (zweites Bild)
versichern:

Abends wenn ich schlafen geh',
vierzehn Engel um mich stehn,
zwei zu meinen Häupten,
zwei zu meinen Füßen,
zwei zu meiner Rechten,
zwei zu meiner Linken,
zwei, die mich decken,
zwei, die mich wecken und
zwei, die mich weisen
zu Himmels Paradeisen.

Nicht wenige Zuhörer werden bei diesem Abendgebet erinnert an ihre Kindheit, als man das Abendgebet noch betete und von den Eltern oder Großeltern das Kreuzchen mit Weihwasser auf die Stirn gezeichnet erhielt. Wie mancher wird sehr still und persönlich betroffen: Damals habe ich noch beten können ... damals habe ich noch an Gott, an meinen Schutzengel geglaubt. Mancher wischt wohl auch seine Tränen von den Wangen.

Humperdincks Abendgebet wird zur indirekten Verkündigung, zur Besinnung über Gott auf den Wellen der Musik. Gott kann auch einen nur gespielten, selbst einen schlecht singenden Engel auf der Bühne zum Werkzeug seiner Impulse, seiner Gnade machen. Erstaunlich ist der gewaltige Orchesterapparat, den Engelbert Humperdinck als langjähriger Assistent Richard Wagners in Bayreuth kennengelernt hatte.

Bemerkenswert ist aber auch, daß das christlich anmutende Abendgebet von Hänsel und Gretel, das mit seinen 14 Engeln wohl auf ein altes Volkslied zurückgeht, in einem durchaus heidnischen Umfeld gesungen wird. Der Bereich der Elfen und Gnomen wird sichtbar, wenn das Sandmännchen (zweites Bild), das Taumännchen und die Knusperhexe (drittes Bild) auftreten. Christliche Engelwelt und heidnisch-germanische Märchenmotive gehen konturlos ineinander über.

Quo vadis, musica sacra?

Die Aufführung einer Orchestermesse im Konzertraum oder das Hören einer CD hat die gleichen Noten und Instrumente wie die gleiche Orchestermesse in der Liturgie der Kirche. Bei allem künstlerischen Können und selbst bei der überzeugten Gläubigkeit vieler Orchestermitglieder ist das Ereignis im Konzertraum ein irdisch-diesseitiger Event. Die gleiche Orchestermesse in der Liturgie der Kirche hat eine andere Qualität, nicht nur wegen der Motivation: Alles zur größeren Ehre Gottes! Ist es vermessen zu sagen: „Sie hat deshalb eine ganz andere Qualität, weil sie eine zusätzlichen Begleitung und Verstärkung hat, weil die irdische Lobpreisung Gottes verbunden ist mit der Liturgie des Himmels"? Wir sollten die vielen Impulse der Meßliturgie nicht nur „herunterlesen". Sie haben eine kühne Aussage des Glaubens: „... mit den Engeln und Heiligen singen wir." Diese Vernetzung der irdischen Liturgie mit der himmlischen Liturgie ist das Geheimnis des Glaubens, der Worte und Gebete, auch der Gesänge. Viele Christen müssen hier umdenken. In den Gebeten und Gesängen der Eucharistiefeier ereignet sich „der offene Himmel", aus dem Gebete und Musik zur Erde, aber auch Gebete und Gesänge von der Erde zum Himmel klingen und sich zum einen und gemeinsamen Lob Gottes vereinen.

Es wird sicherlich weltweit der Gregorianische Choral das musikalische Band der christlichen Liturgie sein und bleiben. Es wird gewiß auch die großen Orchestermessen geben, die den kirchlichen Hochfesten das feierliche Gepräge geben. Aber Missa solemnis von Bach im afrikanischen Busch? Mozarts Filigran der Krönungsmesse in den Armenvierteln südamerikanischer Städte?

Eine Kirche „in der Welt von heute" wird aus der Welt von heute vielerlei musikalische Formen und Instrumente zur Ehre Gottes zum Erklingen bringen – in der Fülle der Kulturen, anders in Afrika als in Europa, anders in Indien, in Japan oder in Alaska. Die christliche Kirchenmusik steht erst am Beginn einer wichtigen Inkulturation mit Langzeitwirkung. Das eine und gemeinsame Lob Gottes, das in immer neuen Facetten aus dem Herzen vieler Völker, Kulturen und Sprachen der Menschheit erklingt.

Kirchenmusik kann und darf im außereuropäischen Missionsraum nicht ein armseliges Plagiat, nicht ein Import sein aus den

Heimatländern der Missionare. Pluriformität ist Kennzeichen der Schöpfung, des überraschenden Gottes. Gerade um der Echtheit und um der Wahrheit willen, letztlich um der Pluriformität der Schöpfung willen muß Kirchenmusik hier so und dort anders erklingen. Kirchenmusik in der Pluralität, nicht in eintöniger Monotonie! Musica sacra ist jenes neue Lied, das aus der Dankbarkeit und aus der „herrlichen Freiheit der Kinder Gottes" (Röm 8,21) sich verströmt.

Könnten wir Europäer nicht beglückt mitsingen, wenn es in einem Gospelsong heißt:

Ich werd' singen,
komm ich im Himmel
und keiner ist da,
der mich rauswerfen kann.

In einem Negro Spiritual erklingt ebenso Protest wie Triumph oder doch Hoffnung, vertrauend auf das Schwert des Erzengels Michael:

Schöneres Beten hab ich nie gehört,
Über den Hügel hin.
Die Engel beten und ich bete auch.
Ich bete ein Schwert in der Hand, Herr.[57]

Vielleicht werden künftig, wie Karl Barth meinte, die Engel nicht nur Bach und Mozart spielen, sondern auch Meister des Saxophons und der Baßgitarre, der Spirituals und des Sacropops sein – Einheit in der Vielfalt im gemeinsamen Haus der Wahrheit und der Liebe, der Dankbarkeit und der Freude.

Die Engel stimmen in die verschiedenen Sprachen und Melodien der Völker ein. Vielleicht gibt ihnen Gott sogar noch die Erlaubnis, dort mitzusingen, wo es ihnen am besten gefällt.

... in der Politik und Weltgeschichte

Zu Festspielzeiten wird in den Theatern, auf Freilichtbühnen und in Opernhäusern in opulenter Ausstattung und mit besten Regisseuren, Sängerinnen und Sängern das große Welttheater „gespielt", auf dem mit unbekümmerter Selbstverständlichkeit neben den Menschen auch Engel und Teufel auftreten, selbst Gott – oder wenigstens die Stimme Gottes zu hören ist. Man wird in eine „andere" Welt versetzt, die etwa dem barocken Verständnis von Text und Musik geläufig war, heute aber für viele nur eine interessante Replik ist. Man muß es gesehen haben. Man muß dabeigewesen sein.

Es fehlt auf den Festspielbühnen nicht der „Faust" von Goethe oder von Gounod, die Faustverdammung von Berlioz, der „Jedermann" von Hugo von Hofmannsthal vor der Fassade des Salzburger Doms. Auch Hindemith ist mit seinem Werk „Die Harmonie der Welt" zu hören, ebenso Johanna auf dem Scheiterhaufen von Claudel/Honegger oder Tschaikowskys „Die Jungfrau von Orléans". Auch im Abonnement vieler Opernhäuser sind Opern von Gluck oder Händel zu hören.

Das ist das Erstaunliche: Themen und Gestalten des großen Welttheaters der Barockzeit erleben Applaus auf den Bühnen der postmodernen Welt. Auch Bach-Aufführungen haben volle Konzertsäle.

Man versetzt sich durch Themen, Gestalten, Geistigkeit und Weltverständnis für einige Stunden in eine „andere" Welt. Aber glaubt man noch an diese Welt, in der Gott, Engel wie Teufel nicht Märchengestalten, sondern Realität sind? Ist es eine unausgesprochene Sehnsucht nach einer Welt, an die man in seinen

Kindertagen noch geglaubt hat? O selig, o selig, ein Kind noch zu sein? Ist es die Sehnsucht nach einer Welt, in der alles noch in Ordnung ist – einer Welt, in der es gewiß Schuld und Sünde gibt, aber auch Vergebung, Verzeihung, Erlösung und Zukunft?

Weggefährten – Kriegsgefährten

Zwei deutsche Schriftsteller haben in schwerster Zeit der nazistischen Juden- und Christenverfolung eine tröstliche Botschaft verkündet: die Gegenwart und Wirksamkeit der Engel – in allem und trotz allem. Reinhold Schneider (1903–1958) und Werner Bergengruen (1892–1964) haben überzeugend und bestärkend für andere von den Engeln geschrieben. Aber Reinhold Schneider mußte den „Winter in Wien" als Eiszeit einer Gottesfinsternis erleben, ungetröstet von den vielgepriesenen Engeln. Werner Bergengruen hat angesichts des politischen Triumphes und der Dämonie des Bösen herausgeschrien: Engel, laß mich nicht allein!

Die Not und Bedrängnis der beiden Dichter war tiefer, hoffnungsloser und finsterer als jene häufig anzutreffende Unfähigkeit, den Engel zu denken. Die „Unfähigkeit, den Engel zu denken, die uns heute kennzeichnet, ist ein Ausdruck dafür, daß wir selbst als Gläubige von einer gottentleerten Welt ausgehen, in der zuletzt auch Gott als etwas Fremdes und Unpassendes erscheint."[58]

Das Erlebnis der Weltleere hat aber eine kaum gesehene Herkunft, auf die der Philosoph Karl Jaspers (1883–1969) mit unerbittlicher Härte hingewiesen hat: „Die Konzeption des überweltlichen Gottes (Deismus) verwandelte die gesamte Welt als Schöpfung zur Kreatur. Aus der Natur schwanden die heidnischen Dämonen, aus der Welt die Götter ... Eine nie gewesene Öde des Daseins wird fühlbar, gegen die der schärfste antike Unglaube geborgen war in der Gestaltenfülle einer nicht verlassenen mythischen Wirklichkeit".[59] Ergänzt wird diese Aussage mit der Feststellung: „Dem modernen Menschen ist das Schreckliche zugestoßen, daß ihm Gott in der Natur gestorben ist. Wo einst Religion wie ein blühendes Feld stand, ist ihm ein vertrockneter Lehmboden übriggeblieben."[60] Der Deismus hat sein übriges getan zur Entwicklung und Radikalisierung einer Gott-Entfernungstheologie, ja zu einer Gott-Welt-Trennungstheologie. In allen Debatten wurde vergessen, daß Gott neben dem Menschen und der Welt auch andere Wesen, etwa die Engel, erschaffen hat, die ebenso zum Umfeld Gottes wie zum Umfeld der Menschen gehören.

Erzengel Michael – siegreicher Krieger

Es war im Zeitenumbruch zwischen Antike und Mittelalter: 476 Absetzung des letzten, weströmischen Kaisers Romulus Augustulus durch den Germanenführer Odoaker (Ende des weströmischen Reiches) – 493 Gründung des Ostgotenreiches durch Theoderich – 496 Taufe des Frankenkönigs Chlodwig durch Bischof Remigius in Reims – 526 Tod Theoderichs, an dessen Hof in Ravenna Boethius und Cassiodor wirkten – 529 Gründung von Montecassino durch Benediktus von Nursia (um 480–547). Das Urheiligtum des Erzengels Michael, das die Michaelsverehrung im gesamten Abendland inspirierte, befindet sich im heutigen Ort Monte Sant'Angelo in Apulien. In einer noch erhaltenen Steinhöhle, heute Michaelsgrotte genannt, erschien am 8. Mai 492 der Erzengel Michael. Ausgrabungen haben geklärt, daß sich in dieser Höhle früher eine alte Stätte des Mithraskultes befand. Der aus dem Hebräischen kommende Name des Erzengels Michael (Micha–El = Wer ist wie Gott?) deutet die religiöse Auseinandersetzung an, die an diesem Ort stattgefunden hat. Nicht Mithras, dessen aus dem Osten kommender Mythos und dessen Mysterien während der Kaiserzeit im ganzen Römischen Reich (gerade unter Soldaten) verbreitet war, sondern der eine wahre Gott, für den sich Michael gegen den Engelaufstand unter Luzifer eingesetzt hatte (Offb 12,7; vgl. Jud 9), sollte hier verehrt werden. Die Erscheinungsstätte ist heute überbaut mit der ältesten Michaelskirche Italiens, der berühmten Basilica di San Michele. Sehenswert ist in der Krypta die Steinhöhle mit der Celeste-Basilika. Der Wallfahrtsort liegt an der Ostküste am Adriatischen Meer, in der Nähe der Wirkungsstätte des berühmten, stigmatisierten Pater Pio (1887–1968).

Die Erscheinungen und Worte des Erzengels Michael sind in einer schriftlichen Überlieferung festgehalten. Sicherlich stellen sich heute die Fragen: War das Ganze eine mystische Vision? Wurde eine antike Kultstätte durch Weisung einer transzendent-personalen Verfügung zu einem christlichen Wallfahrtsort umgepolt?

Aus den dokumentarisch festgehaltenen Worten des Erzengels Michael lautet die wichtigste Passage:

Ich bin der Erzengel Michael. Ich bin immer bei Gott. Diese Höhle habe ich als meine Kultstätte erwählt. Ich selbst bewache und schütze sie ... Da, wo sich der Fels (zur Höhle) auftut, können die Sünden der Menschen vergeben werden ... Was immer hier im Gebet erfleht wird, das soll gewährt werden. Begib dich also auf den Berg (= Monte Gargano) und weihe die Höhle als christliche Kultstätte.[61]

Unter der Anrufung des Erzengels Michael konnte etwa zwei Jahre später der Germanenführer Odoaker besiegt werden. Die Wallfahrtskirche San Michele mit der imposanten Marmorstatue des Erzengels Michael, gefertigt von Andrea Sanso-

vino (1467–1529), ist in politischen wie kirchlichen Krisen-
zeiten immer wieder aufgesucht worden: Heiliger Michael
hilf! Der heilige Michael hat geholfen!

Neben den sichtbaren Kräften der Macht, der Wissenschaft
und Technik, vor allem der Finanz und der planenden Futuro-
logie sind auf dem Feld der Geschichte auch jenseitige Mächte
wirksam. Für manche Geschichtsschreibung ist die Welt des
Jenseits wie mit Brettern vernagelt. Andere wiederum wollen
das Sehvermögen für die ganze Geschichte heilen, schulen und
stärken, wenn sie etwa wie Reinhold Schneider in Erinnerung
rufen: „Das eine ist gewiß, daß die Welt haltlos in die Nacht
stürzen müßte, wenn sie nicht mehr mit der Gnade verbunden
wäre."[62] Warum sollen Engel, die sich im himmlischen Streit
mit Luzifer für Gott einsetzten, im irdischen Streit der Völker,
der Politiker, des Einzelmenschen untätig sein?

Es ist religiös und gewiß auch politisch nachdenkenswert, daß
nach dem Ende des Zweiten Weltkriegs die Gesamtkapitulation am 8. Mai 1945 unterzeichnet wurde. Eine Zeit, die mit
Blut und Tränen geschrieben bleibt, wurde damit beendet. Ist
es reiner Zufall, daß genau an diesem Tag der Unterzeichnung
der Gesamtkapitulation im kirchlichen Kalendarium das Fest
der Erscheinung des Erzengels Michael in Monte Sant'Angelo
im Jahr 492 eingetragen ist? Hat der Erzengel Michael, seit
Jahrhunderten der Schutzengel des deutschen Volkes, das
Schwert des Krieges wieder in die Scheide zurückgesteckt –
zum Zeichen des Friedens, der Besinnung, der Rückkehr zu
Gott und zur Freiheit und Würde des Menschen? Ist dieser
„Zu-Fall" letztlich eine Gnade, die der barmherzige Gott durch
die Fürbitte des deutschen Schutzengels den Nachfahren des
„Heiligen Römischen Reiches deutscher Nation" geschenkt
hat?

Es gibt Ereignisse, die können wir nur meditierend umschreiten. Sie kommen aus dem Mysterium jenes Gottes, dessen

Pläne und Ratschlüsse uns Irdischen nicht bekannt sind. Zeichen Gottes?

Jeanne d'Arc und „die Stimmen"

Was ist nicht alles von Theologen und Psychologen, von Historikern und Filmregisseuren über dieses Mädchen geschrieben worden! Mit etwa 13 Jahren hat sie bereits seltsame, überirdische Stimmen gehört. Mit 17 Jahren erlebte sie die Krönung Charles' VII. am 17. Juli 1429 in Reims. Mit 19 Jahren wurde sie als Ketzerin in Rouen am 30. Mai 1431 auf dem Scheiterhaufen verbrannt. War sie eine Psychopathin, eine Feministin in Männerkleidung, eine französische Nationalistin, ein hysterisches Energiebündel, eine psychiatriereife Ekstatikerin oder doch eine Gesandte Gottes, eine Heilige? Etwa 500 Jahre später, 1920, wurde die „Ketzerin und Hexe" heiliggesprochen: Jeanne d'Arc – die Jungfrau von Orléans (1412–1431).

Aus den Akten des Prozesses (vom 21. Februar bis zum 24. Mai 1431) die entscheidenden Aussagen,[63] die zur Verurteilung führten:

Frage: *Wann habt Ihr die Stimmen zuletzt vernommen?*

Antwort: *Gestern und heute.*

F.   *Zu welcher Zeit vernahmt Ihr sie gestern?*

A.   *Ich hörte sie dreimal: einmal am Morgen, ein zweites Mal zur Vesperstunde und zum drittenmal am Abend, als das Ave Maria geläutet wurde. Sehr häufig vernehme ich sie noch öfter, als ich es Euch sage.*

F.   *Was tatet Ihr, als Ihr sie gestern früh hörtet?*

A. *Ich schlief, und die Stimme weckte mich.*
F. *Weckte sie Euch auf, indem sie Euren Arm be-*
rührte?
A. *Die Stimme weckte mich, ohne mich anzurühren.*
...
F. *Hat die Stimme Euch verboten, alles zu beantwor-*
ten, was Ihr gefragt werdet?
A. *Ich will darauf nicht antworten. Die Stimme offen-*
barte mir auch den König betreffende wichtige
Dinge, die ich Euch nicht mitteilen werde.
F. *Hat die Stimme verboten, diese Dinge zu enthüllen?*
A. *Sie hat mir nichts darüber gesagt. Gebt mir fünf-*
zehn Tage Zeit, und ich will Eure Fragen beant-
worten.
F. *Wenn die Stimmen ertönen, sehet Ihr noch ande-*
res als Licht?
A. *Ich kann Euch nicht alles sagen; ich darf es nicht,*
es fällt auch nicht unter den von mir geleisteten Eid.
F. *Kleiden sich die besagten Heiligen (Sta. Katharina*
und Sta. Margarete) gleicherweise?
A. *Ich kann Euch jetzt nicht mehr über sie verraten;*
ich darf es nicht ...
F. *Sind sie gleich alt?*
A. *Ich darf nichts darüber aussagen.*
F. *Welche der beiden Heiligen zeigte sich Euch*
zuerst?
A. *Ich erkannte sie nicht sofort; ich wußte es früher,*
welche zuerst erschien, habe es aber vergessen;
wenn es mir gestattet wäre, wollte ich es Euch
gern sagen ...
F. *Wie sah Sankt Michael aus?*
A. *Darauf kann ich Euch noch keine Antwort geben;*
ich darf es noch nicht sagen ...

F. Woher wißt Ihr, daß es die heilige Katharina und
die heilige Margarete sind, die mit Euch sprechen?

A. Ich habe Euch jetzt oft genug versichert, daß es
die heilige Katharina und die heilige Margarete
sind. Glaubt Ihr mir nicht, so laßt es bleiben.

F. Seht Ihr die beiden Heiligen immer in die gleichen Stoffe gekleidet?

A. Ich sehe sie immer in der gleichen Gesalt. Sie tragen auf ihren Häuptern kostbare Kronen. Dies
ward mir vom Herrn mitzuteilen erlaubt. Ich weiß
nichts über Ihre Kleider.

F. Unter welcher Gestalt zeigen sie sich Euch?

A. Ich sehe ihr Antlitz.

F. Haben sie Haare?

A. Das muß man nur wissen!

F. Ist ihr Haar lang und offen?

A. Ich weiß es nicht. Ich weiß nicht, ob sie Arme
oder andere Gliedmaßen haben.

F. Wenn sie keine Gliedmaßen hatten, wie konnten
sie dann sprechen?

A. Das steht bei Gott.

F. Spricht die heilige Margarete englisch?

A. Warum sollte sie englisch reden, da sie doch nicht
auf Seiten der Engländer steht?

F. In welcher Erscheinung zeigte sich Euch Sankt
Michael, als er Euch erschien?

A. Ich sah keine Krone und weiß nichts über seine
Gewänder.

F. War er nackend?

A. Glaubt Ihr denn, unser Herr sei nicht reich genug,
um ihn zu kleiden?

F. Hatte er Haare?

A. *Warum hätten sie abgeschnitten sein sollen?*

...

F. *Wollt Ihr Euch in allen Euren Worten und Taten,*
ob guten oder schlechten, dem Beschluß unserer
heiligen Mutter, der Kirche, unterwerfen?

A. *Ich liebe die Kirche und würde sie mit meiner*
ganzen Kraft um des christlichen Glaubens
willen unterstützten. Nicht ich bin es, die man
am Kirchgang oder am Messehören hindern
müßte! ...
Ich berufe mich auf Gott, der mich gesandt hat,
auf Unsere Liebe Frau und auf alle die seligen Hei-
ligen im Paradiese. So wie ich es sehe, sind Gott
und die Kirche ein und dasselbe, und Ihr solltet
darin keinerlei Schwierigkeiten erfinden. Warum
erfindet Ihr Schwierigkeiten? ...
Alles, was ich getan habe, habe ich auf Befehl
der Stimmen getan. Ich verstehe nichts vom
Kriegführen ... Ich appelliere an den Heiligen
Vater, den Papst, und an das heilige Kirchenkonzil
zu Basel. Denn ihr seid meine Feinde.

Um Jeanne d'Arc beurteilen zu können, muß man die damaligen Auseinandersetzugen zwischen England und Frankreich
wie auch die dynastische Debatte über die Legitimität des Dauphin Charles VII. kennen. Man muß auch wissen, daß Jeanne
d'Arc eine Analphabetin war, die nicht lesen und schreiben
konnte. Sie war ein völlig normales, schlichtes und selbständig
denkendes Mädchen, wie die nicht selten pfiffigen Antworten
während des Prozesses belegen.

Ohne Zweifel befindet sich Jeanne in einer ungewöhnlichen
Aura des Mysteriums, des Spiritistischen, die zu ihrer natür-
lichen Schlichtheit in einem unerklärlichen Gegensatz steht.

Jeanne d'Arc ist schwer zu begreifen, die Forschung – oft positivistisch, stets aber auf ein System aus –, zumal die Theologie tut sich schwer mit ihr. Sie gilt als Problem.

Es geht nicht nur um die Frage: Gibt es ein Jenseits? Die Frage spitzt sich zu: Gibt es Begegnungen, Kontakte mit dem Jenseits? Gibt es Botschaften, „Stimmen" aus dem Jenseits, die zum Lebensauftrag werden bis hin zum Tod auf dem Scheiterhaufen? Wer keine religiöse Ader hat, soll an Jeanne d'Arc vorbeigehen. Er wird sie nur verzerren und mißdeuten. Jeanne d'Arc begegnen heißt, vor die ganze Tiefe und Radikalität des Glaubens gestellt zu werden. Wenigstens offen sollte man sein für Wunderbares, für die Realität des Wunders. Es gibt zwischen Himmel und Erde, zwischen Jenseits und Diesseits offene Türen, durch die Heilige und Engel im Auftrag Gottes schreiten. Bei Jeanne d'Arc, beginnend mit etwa 13 Jahren, sind durch die offene Tür drei himmlische Gestalten gekommen: der Erzengel Michael und die heilige Katharina wie die heilige Margarete. Die Offenheit zwischen Himmel und Erde ist die alles entscheidende Voraussetzung der „Stimmen", die Jeanne d'Arc deutlich hörte und die ihren Lebensauftrag bestimmten.[64]

Es ist mit Recht gefragt worden, warum ausgerechnet dieses himmlische Trio – der Erzengel Michael, Katharina und Margarete – erschien, und warum ihr Gespräch mit Jeanne mit dem Stichwort „Stimmen" umschrieben wird. Es ist durchaus möglich, daß Jeanne d'Arc erfahren hatte, daß die Engländer während des sogenannten Hundertjährigen Krieges mit Frankreich das größte Michaelheiligtum Frankreichs, nämlich das Kloster Mont Saint-Michel (= Mons Sancti Michaelis), trotz wiederholter Versuche nicht erobern konnten. Mit den Mönchen war es letztlich der Erzengel Michael, der auf der Seite der Franzosen kämpfte und jeden Eroberungsversuch der Engländer zunichte machte. Warum sollte der gleiche Erzengel Michael nicht auch erreichen, den französischen Dauphin Charles VII. in Reims zum König ausrufen und krönen zu lassen?

Wie aber kommen die beiden heiligen Jungfrauen aus dem christlichen Osten in das Trio der „Stimmen"? Im späten Mittelalter sind diese beiden heiligen Jungfrauen aus Alexandrien und Antiochien immer häufiger in der Kunst gemeinsam dargestellt und gemeinsam um ihre Fürbitte angerufen worden. Jeanne d'Arc dürfte diese gemeinsame Namensnennung bekannt gewesen ein.

Katharina aus dem ägyptischen Alexandrien wurde um 307 gemartert: Schwert und Rad wurden daher als Marterwerkzeuge beigegeben. Ihr Lebensmotto war: Bis in den Tod die Treue zu Christus! Das berühmte Katharinenkloster am Fuß des Sinai ist nach ihr benannt. Zusammen mit Barbara (Turm) und Margarete (Drachenwurm) wird Katharina (Rad) zu den „drei heiligen Madln" gezählt. Im kirchlichen Kalender wird ihr Fest am 25. November gefeiert.

Margarete von Antiochien wurde um 305 ebenfalls gemartert, und zwar in Antiochien. Sie wurde in der christlichen Kunst dargestellt als Jungfrau, die mit einem Kreuzstab (ähnlich wie der heilige Georg) einen Drachen tötet. Bereits im ersten Jahrhundert wurde sie auf Ikonen des Katharinenklosters auf der Halbinsel Sinai immer häufiger zusammen mit der heiligen Jungfrau Katharina dargestellt. Margarete als Drachentöterin war für Jeanne d'Arc ein anspornendes Beispiel, in ähnlicher Weise die Feinde Frankreichs zu vernichten. Im kirchlichen Namenskalender steht ihre Festfeier am 20. Juli.

Durch alle Jahrhunderte der französischen Geschichte und weit vor ihrer Heiligsprechung (1920) war Jeanne d'Arc, auf vielen Plätzen der französischen Städte als Denkmal, hoch zu Roß und mit gezücktem, hocherhobenem Schwert in der Hand, das Beispiel, wie man christlichen Glauben und französischen Nationalstolz verbinden kann (vgl. die Rede von „Gott in Frankreich").

Selbst hinter den Mauern beschaulicher Klöster, etwa des Karmels von Lisieux gab es Fans von Jeanne, etwa die kleine Theresia vom Kinde Jesu (1873–1897). Sie hat 1894 sogar ein Singspiel mit dem Titel „Die selige Jeanne d'Arc" verfaßt und bei der Uraufführung hinter den Klostermauern die Hauptrolle gespielt. Man beachte: Theresia wurde nach dem von den Franzosen verlorenen Krieg 1870/71 geboren. Sie hörte in der Familie und im Bekanntenkreis wie auch von den Mitschwestern im Karmel von dem „Schandfrieden", den Frankreich schließen mußte, und wie die Gloire Frankreichs von den deutschen Kommißstiefeln zertreten wurde. Die nationale Verdemütigung bildete in dem Singspiel der kleinen Theresia den Hintergrund; denn wenn von Feinden gesprochen wird, dann sind die Deutschen gemeint:

Ich werde zum Herrn der Heerscharen beten,
ich werde den Fremden verjagen, zertreten.
Ich liebe mein Frankreich, mein Vaterland,
ich will ihm den Glauben retten,
ich weih' ihm mein Leben, mein Herz, meine Hand.
Ich will für den König (= Napoleon III.) streiten.
Nein, vor dem Tode fürcht' ich mich nicht,
ich hoffe auf Ewigkeiten.

Die Karmelitin Theresia vom Kinde Jesu beschwört geradezu Jeanne d'Arc, wenn sie in einem Gebet schreibt: „Oh Jeanne, gedenke deines Vaterlandes ... Horche in der Nacht auf das weinende Frankreich!"[65]

Charles Péguy (1873–1914) hat in den sehr unterschiedlichen Etappen seines Lebens und seines Denkens immer wieder Maß genommen an Jeanne d'Arc. In seiner 1910 abgeschlossenen Dichtung „Le mystère de la charité de Jeanne d'Arc" (Das Mysterium der Liebe der Jeanne d'Arc) hat er einen oft übersehenen Aspekt, eine entscheidende Intention der Patronin Frankreichs ins Bewußtsein gehoben. Ihr Leben, Wirken und Sterben war „für andere". Er läßt Jeanne d'Arc sprechen: „Man muß sich zusammen retten. Man muß zusammen beim lieben Gott ankommen. Alle miteinander müssen wir ins Haus unseres Vaters zurückkehren."[66]

Michael –
der Deutschen Schutzpatron

Es ist eine seltsame, kaum bekannte, ja paradoxe Parallelität: Der Erzengel Michael ist der Engelfürst des Volkes Israel (Dan 10,13.20) *und* der Engelfürst und Schutzpatron des deutschen Volkes. Hatte Michael nur eine zeitbedingte Aufgabe für das Heilige Römische Reich deutscher Nation (800–1806)? Warum hat der gemeinsame Schutzengel des jüdischen und des deutschen Volkes Auschwitz nicht verhindert?

Mit diesen Fragen geraten wir hinein in das undurchdringliche Geheimnis Gottes, seiner Allmacht und seiner souveränen Freiheit, wie auch in das Geheimnis der menschlichen Freiheit. Gott ist, schrieb Peter Lippert (1879–1936), „das dunkelste aller Geheimnisse und zugleich das sichtbarste; er ist die grelle, blendende Finsternis ... wir können ihn nicht vergessen, weil er die Frage ist, die wir selbst ohne Unterlaß in unser Dasein stellen."

Der Schöpfergott hat das Geschenk der Freiheit in und mit der Grundstruktur der Gottebenbildlichkeit (Gen 1,26–27) gegeben. Gott respektiert diese Freiheit des Menschen, auch wenn der Mensch nein spricht und sich für Wege der Dunkelheit, der Menschen- wie der Gottesverachtung entscheidet.

Erinnert sei, daß bereits im Alten Testament von „Engelfürsten" geschrieben steht, die Gott auch heidnischen Völkern als Schutzengel und als Mitstreiter gegen alles Böse in dieser Welt, in der großen Politik ebenso wie in den täglichen Streitigkeiten in den Familien zur Verfügung stellt. Bis zum Ende der Geschichte dauert das Ringen zwischen Gott und seinem Widerpart, dem Satan. Die Erstbegegnung des deutschen Volkes mit dem Erzengel Michael war ein hochoffizieller Staatsakt. 813 richtete unter der Regierung Karls des Großen (768–814) die Reichssynode von Mainz an Papst Leo III. (795–816) die Bitte, den Erzengel Michael zum Schutzpatron des Heiligen Römischen Reiches zu erheben. Gerne wurde diese Bitte gewährt. Seither und im ganzen Mittelalter (bis zur Reformation) wurde das kirchliche Fest des Erzengels Michael und gleichzeitig die politische Reichsfeier des Schutzpatrons Michael am 29. September als staatlich gebotener Feiertag begangen.

Was der Michaelstag im christlichen Glauben, vor allem beim Einzelchristen als Begleiter und Mitkämpfer gegen den Bösen und das Böse in der Welt bedeutete, hat 1435 Conrad von Dangkrotzheim ausgesprochen:

Sankt Michael richtet auf seine Waag
Und hänget sich der Teufel dran,
Doch erreicht er nichts, der schwarze Mann,
Umsonst ist sein Haschen nach armen Seelen.[67]

Das Bild des Erzengels Michael war eingestickt in das Reichsbanner. Dieses wurde in den Schlachten an der Spitze der deutschen Truppen mitgetragen. Wo diese Reichsfahne war, dort standen die deutschen Truppen im Kampf, in der Abwehr der Ungarn ebenso wie in den verschiedenen Schlachten der Kreuzzüge. Der Erzengel war es, der vor den deutschen Truppen herzog und deshalb mit Recht auch „Herzog Michael" tituliert wurde. Eines der Michaellieder, mit denen Truppen des Heiligen Römischen Reiches ins Feld zogen, lautete:

O unbesiegbarer starker Held, Herzog Michael,
Führ du das deutsche Heer ins Feld, Herzog Michael.
O steh uns gütig zur Seite,
O hilf uns im Streite,
Herzog Michael, Herzog Michael! [68]

Die Sterbestunde des Heiligen Römischen Reiches deutscher Nation hatte geschlagen, als Franz II. von Österreich am 6. August 1806 in Wien die Kaiserkrone niederlegte. Ein ganz anderes, zweites Reich wurde am 18. Januar 1871 im Spiegelsaal von Versailles durch Bismarck ausgerufen. Es endete mit der Abdankung des deutschen Kaisers Wilhelm II. am 9. November 1918 und der Ausrufung der Deutschen Republik.

Mit dem 30. Januar 1933 begann ein Drittes Reich. Das Wort „Reich" löste damals eine eigenartige und kontroverse Faszination aus. Nicht wenige in der katholischen Jugend verbanden damit die Träume vom Reich Gottes, vom Reich der Seele, vom Reich der Dichter und Denker. Von Hand zu Hand wurden gereicht und gelesen die Werke von Julius Langbehn (1851–1907), Reinhard Johannes Sorge (1892–1916), Walter Flex (1887–1917), Stefan George (1868–1933), nicht zuletzt von Rainer Maria Rilke (1875–1926).

Gekommen ist ein Reich der Dämonie, der Menschenverachtung, der Konzentrationslager, des Verbotes der gesamten katholischen Jugend- und Vereinsarbeit – trotz des Reichskonkordates vom 20. Juli 1933. Die Epoche des Dritten Reiches von 1933 bis 1945 bleibt mit Blut und Tränen eingeschrieben in die Annalen der Geschichte.

In der religiösen Not- und Verfolgungszeit während des Dritten Reiches gab es eine spürbare Renaissance der Michaelsverehrung. Die einzige und letzte Zeitschrift der katholischen Jugend trug bewußt den Namen „Michael". Sie hatte eine Auflage von über 300.000 Exemplaren und wurde bereits 1935 verboten.

In der damaligen Bedrängnis erinnerte man sich an das Michaelslied, das Friedrich Spee (1591–1635) in ähnlicher Notzeit geschrieben hatte:

Unüberwindlich starker Held,
Sankt Michael!
Komm uns zu Hilf,
Zieh mit zu Feld!
Hilf uns im Streite,
zum Sieg uns leite,
Sankt Michael!
...
Beschütz mit deinem Schild und Schwert –
Die Kirch', den Hirten und die Herd.

Dieses Michaelslied wurde auch in das „Gotteslob" (Nr. 606) aufgenommen (ebenso wie das Lied „Laßt uns den Engel preisen" – Nr. 607). Es sollte eine Generation, die im Frieden und ohne Verfolgung lebt, erinnern an ungezählte Märtyrer, die in geschichtlicher Nähe lebten und starben.

Aus der Tiefe und Not des christlichen Glaubens hat Gertrud von Le Fort (1876–1971) neben ihren „Hymnen an die Kirche" (1924) ein heute kaum bekanntes Werk, die „Hymnen an Deutschland" (1932) geschrieben:

Deutsches Volk ...
... dich stärkte schon oft
Ein ewiger Engel
Mit Morgenröte.[69]

Es erhebt sich auch in unserer Gegenwart, die in Gleichgültigkeit und Gottesfinsternis, in Angst und Hoffnungslosigkeit versinkt, die Frage:

Wächter, wie weit ist es in der Nacht?
Der Wächter spricht:
Es kommt Morgen und Nacht.
Wollt ihr fragen, so fragt!
Kehrt um und kommt wieder!

(Jes 21,11–12)

Anmerkungen

1) L. Winter, Das Heilige Buch des Islam, München 1959; C. Schedl, Muhammed und Jesus. Die christologisch relevanten Texte des Koran. Wien – Freiburg – Basel 1978; H. Zirker, Der Koran. Zugänge und Lesarten. Darmstadt 1999.

2) A. Läpple (Hg.) – M. Wise – M. Abegg jr. – E. Cook, Die Schriftrollen von Qumran. Augsburg 1997; K. Berger, Qumran und Jesus. Stuttgart 2. Aufl. 1955.

3) Aus der Überfülle esoterischer Literatur sei nur genannt: H. C. Moolenburgh, Engel als Beschützer und Helfer des Menschen. Freiburg 2. Aufl. 1986, 246 f.

4) Zur Klärung und Urteilsfindung sei verwiesen auf: E. T. Reimbold, Die Nacht im Mythos, Kultus, Volksglauben und in der transpersonalen Erfahrung. Köln 1970; R. M. Hahn – V. Jansen, Das Heynelexikon des Science Fiction Films. München 1993.

5) K. Adam, Jesus Christus. Augsburg 4. Aufl. 1935, 39.

6) A. Läpple, Der überraschende Gott. Münsterschwarzach 2002.

7) P. Rießler, Altjüdisches Schrifttum außerhalb der Bibel. Freiburg 6. Aufl. 1975; M. Mach, Entwicklungsstadien des jüdischen Engelglaubens in vorrabbinischer Zeit. Göttingen 1964; H. W. Kuhn, Enderwartung und gegenwärtiges Heil. Untersuchungen zu den Gemeindeliedern von Qumran. Göttingen 1966; P. L. Berger, Auf den Spuren der Engel. Frankfurt/M. 1970; P. Gäbe, Der Neue Bund in der frühchristlichen Literatur. Untersuchung der alttestamentlich-jüdischen Voraussetzungen. Würzburg 2000. Heranzuziehen sind auch J. Assmann, Fünf Stufen auf dem Wege zum Kanon. München 1999; D. Trobisch, Die Endredaktion des Neuen Testaments. Göttingen 1996.

8) W. Maas, Veränderlichkeit Gottes. München – Paderborn –Wien 1974; H. Mühlen, Die Veränderlichkeit Gottes als Horizont einer zukünftigen Christologie. Münster 1976, F. Stier, Gott und seine Engel im Alten Testament. Münster 1934; A. Winklhofer, Die Welt der Engel. Ettal 1961; C. Westermann, Gottes Engel brauchen keine Flügel. München – Hamburg 1965.

9) J. Rybinski, Der Mal'akh Jahwe. Paderborn 1930; P. Schäfer, Rivalität zwischen Engeln und Menschen. Berlin 1975; P. Brown, Die Keuschheit der Engel. München – Wien 1991.

10) T. van Trigt, Die Geschichte der Patriarchen. Genesis 11,18–50,26. Mainz 1963, 72.

11) Vgl. Th. Bomann, Das hebräische Denken im Vergleich mit dem griechischen. Göttingen 5. Aufl. 1985; E. Jüngel, Gottes Sein im Werden. Tübingen 5. Aufl. 1967.

12) Vgl. das kostbare Werk von Notker Füglister, Das Psalmengebet. München 1965.

13) H. Kaupel, Die Dämonen im Alten Testament. Augsburg 1930; H. Bietenhard, Die himmlische Welt im Urchristentum und Spätjudentum. Trier 1951.

14) R. Morgenthaler, Statistik des neutestamentlichen Wortschatzes. Zürich – Frankfurt/M. 1958.

15) Vgl. W. Bruners, Wie Jesus glauben lernte. Freiburg 1988.

16) Vgl. D.-A. Koch, Die Schrift als Zeuge des Evangeliums. Untersuchungen zur Verwendung und zum Verständnis der Schrift bei Paulus. Tübingen 1986.

17) A. Läpple, Verborgene Schätze der Apokryphen. Außerbiblische Texte und Legenden in biblischer Reihenfolge. München 2002.

18) A. Winklhofer. Die Welt der Engel. Ettal 1961; H. Schlier, Mächte und Gewalten im Neuen Testament. Freiburg 3. Aufl. 1963.

19) K. Barth, Kirchliche Dogmatik. III/3, Zollikon 1950, 540.

20) Vgl. G. Papini, Der Teufel. Stuttgart 1955 (mit umfassender Literatur).

21) J. A. Jungmann, Missarum Sollemnia. 2. Bd. Wien 1948, 282–284.

22) L. Kondor (Hg.), Schwester Lucia spricht über Fatima. Erinnerungen der Schwester Lucia. Fatima, 13. Aufl. 1977, 57–58. Über 400 Jahre früher ist eine Engel-Kommunion belegt, die der polnische Jesuit Stanislaus Kostka (1550–1568) emfping. Giovanni Battista Lenardi (1656–1704) hat in einer Federzeichnung dieses Ereignis festgehalten (heute im Wallraf-Richartz-Museum in Köln). Vgl. dazu den aufschlußreichen Beitrag von D. Spengler, Eine Heiligenvita des Stanislaus Kostka von Giovanni Battista Lenardi. In: Das Münster 50 (1997) 204–213 (mit hervorragendem Bildmaterial).

23) L. Kondor, a.a.O. 96.

24) P. L. Berger, Auf den Spuren der Engel. Frankfurt/M. 1970, 79; C. Westermann, Gottes Engel brauchen keine Flügel. München – Hamburg 1965. J. E. Behrendt, Ich höre – also bin ich. Freiburg 1989.

25) R. Schneider, Gelebtes Wort. Freiburg – Basel – Wien, 2. Aufl. 1962, 318 f.

26) Migne, PL 122, 439–1022. Vgl. P. Ketter, Johannes Eriugena. Eine Untersuchung über die Entstehung der mittelalterlichen Geistigkeit. Leipzig 1931.

27) Zitiert aus: J. Godwin, Musik und Spiritualität. Bern – München – Wien 1989, 200 f. Vgl. G. Voss, Musik des Weltalls wiederentdecken. Christliche Astralmusik. Regensburg 1995. Vgl. J. Schumacher, Esoterik und die Religion des Übersinnlichen. Paderborn 1994.

28) Hildegard von Bingen, Wisse die Wege. Scivias. Übertragen von Maura Böckeler. Salzburg 1954, 352 f.; auf Tafel 9 findet sich die farbige Wiedergabe der Miniatur „Die Chöre der Engel" aus dem Rupertsberger Codex.

29) A. Dante, Die Göttliche Komödie. Neu übertragen von R. Zoozmann. Dritter Band: Das Paradies. Freiburg 8. Aufl. 1923, 255.

30) G. Müller, Geschichte der deutschen Seele. Vom Faustbuch zu Goethes Faust. Freiburg 1939, 62.

31) M. Lackmann, Ich warne vor Goethe. Goethe und Lavater. Zwei Geistesgrößen ringen um Christus. Stein a. Rh. 1984.

32) P. Hofmann, Goethes Theologie, Paderborn 2001.

33) Zitiert aus D. Bassermann, Der späte Rilke. München 1947, 76.

34) Zitiert aus D. Bassermann, a. a. O. 335.

35) R. Guardini, Rainer Maria Rilkes Deutung des Daseins. Eine Interpretation der Duineser Elegien. München 1977, 29 f.; H. E. Holthusen, Der späte Rilke. Zürich 1949.

36) Zitiert nach Th. Kampmann, Sparge rosis lapidem! In memoriam Werner Bergengruen. In: Hochland 60 (1967/68) 41–49 (Zitat 49).

37) G. Meistermann, Werke und Dokumente. Klagenfurt 1981, 171; R. Seewald, Kunst in der Kirche. Freiburg 1966.

38) Die zitierten Bilder sind enthalten in A. Maiuri, Pompeji – Herculaneum – Stabiae. Die vom Vesuv verschütteten Städte. München 1961, 57, 66/67, 79, 128.

39) J. Kunstmann, Ewige Kinder. Ettal 1962,18.

40) Immer noch anregend ist A. L. Mayer-Pfannholz, Die Liturgie in der europäischen Geistesgeschichte. Darmstadt 1971 (68–97: Die Liturgie und der Geist der Gotik).

41) A. Läpple, Ketzer und Mystiker. München 1988, 71–79 (Peter Abälard). Lesenswert ist W. Nigg, Große Unheilige. Olten – Freiburg 1980, 84–116 (Heloïse).

42) Zitiert aus J. Kunstmann, a. a. O. 21.

43) Theresia von Jesu, Sämtliche Schriften (Hg. A. Alkofer). 3. Aufl. 1960, 280 f. Über die Herzverwundung und den heutigen medizinischen Zustand des Herzens, das in einem Kristallgefäß der Klosterkirche im spanischen Alba de Tormes aufbewahrt wird und eine fünf Zentimeter lange und drei Zentimeter breite Narbe mit Brandmalen an den Rändern aufweist siehe A. Läpple, Wunder sind Wirklichkeit. Tatsachenberichte aus den Archiven der Kirche. Augsburg 1989, 104–106.

44) A. Läpple, Ketzer und Mystiker a. a. O. 220–225 (Angelus Silesius).

45) A. L. Mayer-Pfannholz, a. a. O. 97–98.

46) Zitiert aus L. Zahn, Geschichte der Kunst. Von der Höhlenmalerei bis zum 20. Jahrhundert. Gütersloh 1965, 279.

47) K. Kollwitz, Aus Tagebüchern und Briefen. Berlin 1959; E. Barlach, Das schlimme Jahr. Rostock 1967.

48) M. Chagall, Mein Leben. Stuttgart 1959, 109.

49) Zitiert nach dem Katalog der Chagall-Ausstelllung im Musée des Arts décoratifs (Juni–Oktober 1959). Paris 1959, 168.

50) M. Chagall – Kl. Meyer, Herr, mein Gott, wie groß bist du! Die Chagall-Fenster zu St. Stephan in Mainz. Würzburg 1981, 32. Vgl. dazu M. Chagall, Ausstellungskatalog (Kunsthalle der Hypo-Kulturstiftung – 23. März bis 30. Juni 1991). München 1991.

51) K. Barth, Wolfgang Amadeus Mozart 1756–1956. Zürich 1956, 3. Vgl. W. Hildesheimer, Mozart. Frankfurt/M. 1977; P. Czobádi (Hg.), Wolfgang Amadeus Summa Summarum. Das Phänomen Mozart: Leben, Werk, Wirkung. Wien 1990; R. Ringenbach, Gott ist Musik. Theologische Annäherung an Mozart. München 1986.

52) O. Messiaen, Recherches et expériences spirituelles. Paris 1977, 3.

53) O. Messiaen, Saint Francois d'Assise. Libretto – Anlayse – Kommentar – Dokumentation. Salzburg 1992, 75; Th. D. Schlee – D. Kämper (Hg), Olivier Messiaen. Das himmlische Jerusalem. Über Leben und Werk des französischen Komponisten. Köln 1998.

54) P. Hindemith, Johann Sebastian Bach. Ein verpflichtendes Erbe. Frankfurt/M. 1953, 31.

55) H. Rombach, Die Welt des Barock. Versuch einer Strukturanalyse. In: R. Feuchtmüller – E. Kovács, Hg., Die Welt des Barock. Wien – Freiburg – Basel 1986, 9–23 (Zitat 20).

56) W. Schuh, Richard Strauss (1864–1898). Zürich – Freiburg 1976, 346–350.

57) H. Lilje – K. H. Hansen – S. Schmidt-Joos, Das Buch der Spirituals und Gospel Songs. Hamburg 1961, 136, 44.

58) J. Ratzinger, Die Unfähigkeit, den Engel zu denken. In: Der Prediger und Katechet. 1984, 756 f.

59) K. Japsers, Die geistige Situation der Zeit. Berlin – Leipzig 1933,17.

60) H. Urs von Balthasar, Die Gottesfrage des heutigen Menschen. Wien – München 1956, 149.

61) P. Mai, Sankt Michael in Bayern. München – Zürich 1978, 4–16.

62) R. Schneider, Macht und Gnade. Stuttgart 1946, 160.

63) V. Sackville-West, Jeanne d'Arc. Hamburg 1937, 338–398.

64) S. Tanz, Jeanne d'Arc. Spätmittelalterliche Mentalität im Spiegel eines Weltbildes. Weimar 1991.

65) A. Läpple, Theresia von Lisieux. Aschaffenburg 1984, 61–70.

66) K. Pfleger, Geister, die um Christus ringen. Salzburg – Leipzig 1934, 31–77 (Zitat 68).

67) P. Mai, a. a. O. 16.

68) P. Mai, a. a. O. 28.

69) G. von Le Fort, Hymnen an Deutschland, München 1932, 25. Zum heutigen Gespräch mit Engeln lädt ein P. K. Kurz, Ein großes Flügeldach. Gespräche mit Engeln. Eschenbach 2002.

Personen- und Sachregister